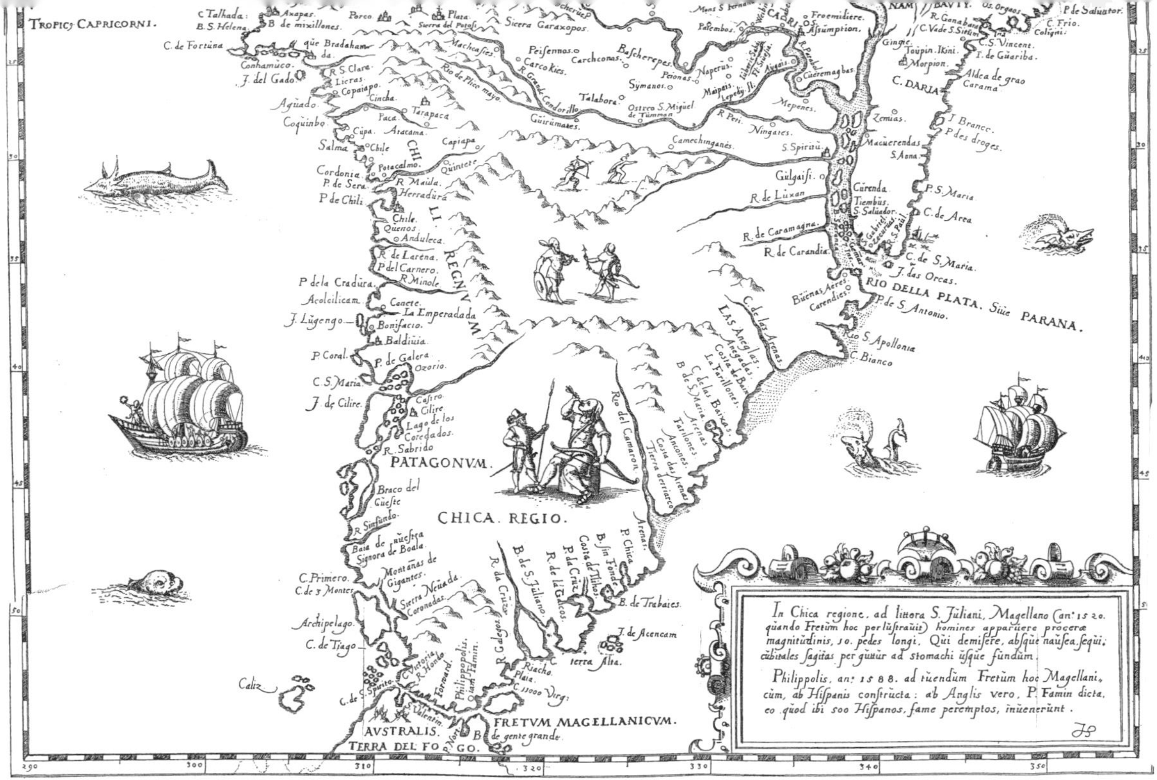

AF524161

TROPICVS CAPRICORNI.
CHILI REGNVM
PATAGONVM.
CHICA. REGIO.
RIO DELLA PLATA. Siue PARANA.
FRETVM MAGELLANICVM.
AVSTRALIS. TERRA DEL FO GO.
In Chica regione, ad littora S. Juliani, Magellano (an: 1520. quando Fretum hoc perlustrauit) homines apparuere proceræ magnitudinis, 10. pedes longi. Qui demisere, absque nausea, sequi: cubitales sagitas per guttur ad stomachi usque fundum.
Philippolis, an: 1588. ad tuendum Fretum hoc Magellani, cum, ab Hispanis constructa: ab Anglis vero, P. Famin dicta, eo quod ibi 500 Hispanos, fame peremptos, inuenerunt.

ALTE ABENTEUERLICHE REISEBERICHTE

Ulrich Schmidel

Wahrhafte Historie einer wunderbaren Schifffahrt

welche Ulrich Schmidel von Straubing von 1534 bis 1554 in Amerika oder Neue Welt bei Brasilia oder Rio Della Plata getan

Herausgegeben von
Fernando Amado Aymoré

Mit 16 zeitgenössischen Darstellungen

EDITION ERDMANN

Editorische Notiz

Die in diesem Band reproduzierten Abbildungen stammen aus dem Erstdruck des Werkes, der im Jahr 1604 in Frankfurt am Main veröffentlicht wurde und den folgenden Titel trug:
„Vierte Schiffart. Warhafftige Historien Einer Wunderbaren Schiffart, welche Ulrich Schmidel von Straubing, von Anno 1534 biß Anno 1554, in Americam oder Neuwewelt, bey Brasilia vnd Rio della Plata gethan. Was er in diesen Neuntzehen Jahren außgestanden, vnd was für seltzame Wunderbare Länder vnd Leut er gesehen."
Erster Verleger war der aus Glaubensgründen aus den spanischen Niederlanden nach Frankfurt geflohene Calvinist Levinus Hulsius (1546-1606), der sämtliche illustrierenden Kupferstiche in seinen Büchern selbst anfertigte. Der Reihentitel „Vierte Schiffart" bezieht sich dabei auf eine von Hulsius initiierte Sammlung alter Reiseberichte, innerhalb derer zu seinen Lebzeiten insgesamt 26 Bände erschienen, der ersten systematischen Publikation solcher Reiseberichte überhaupt! Somit steht also auch die nunmehr vom *marixverlag*, Wiesbaden verlegte *Sammlung Erdmann* in einer Jahrhunderte alten Tradition.

Bibliografische Information der Deutschen Nationalbibliothek
Die Deutsche Nationalbibliothek verzeichnet diese Publikation in der Deutschen Nationalbibliografie; detaillierte bibliografische Daten sind im Internet über http://dnb.d-nb.de abrufbar.

Der Text wurde behutsam aktualisiert, neu gesetzt und revidiert
nach der Ausgabe Stuttgart 1889
Editorisch begleitet von Dr. Lars Martin Hoffmann, Frankfurt am Main
Lektorat: Dietmar Urmes, Bottrop
Covergestaltung: Nicole Ehlers, marixverlag GmbH, nach der Gestaltung
von Nele Schütz Design, München
Titelbild: Bridgeman Art Library, Berlin
Karte im Nachsatz: Kirsten Lawin (Art-Direction)
Satz und Bearbeitung: Medienservice Feiß, Burgwitz
Gesetzt in der Adobe Garamond
Gesamtherstellung: CPI books GmbH, Ulm
Printed in Germany

ISBN: 978-3-86539-817-8

www.marixverlag.de/Edition_Erdmann
www.marixverlag.de

Inhalt

Einleitung

Ulrich Schmidel (bzw. Schmiedel) wurde 1510 im bayrischen Straubing als einer von drei Söhnen geboren. Sein Vater, Wolfgang Schmidel, brachte es bis zum Amt des lokalen Bürgermeisters. Über Ulrichs Kindheit und Jugend selbst ist jedoch wenig überliefert. Er schlug jedenfalls früh die militärische Laufbahn ein.

Mit 24 Jahren wurde Ulrich Schmidel Söldner im Dienste der größten Weltmacht seiner Zeit, die sich damals in einem unaufhaltsamen Expansionsprozess befand: das vereinigte Königreich von Aragón und Kastilien, Spanien genannt.

Der spanische König, Karl V. (1500–1558), war zugleich auch Kaiser des Heiligen Römischen Reiches Deutscher Nation und somit auch Schmidels oberster Herr. Spanien und Deutschland, die es als eigenständige, unabhängige Staaten noch nicht gab, waren insofern im selben Reich politisch verankert. Die Beteiligung deutscher oder niederländischer Söldner an der spanischen Eroberung Amerikas, der „Conquista", war insofern nichts Außergewöhnliches.

1534 nahm Ulrich Schmidel unter der Führung des spanischen Hauptmanns Pedro de Mendoza an einer großen Expedition zur Eroberung eines großen Teils des zentralen Südamerikas, der Region um den Rio de la Plata, teil.

Die aus Almería stammende, wohlhabende spanische Familie Mendoza spielte die Hauptrolle bei der Eroberung dieser Gegend zwischen dem heutigen Argentinien und Paraguay, wovon Schmidel in seinem Werk ausführlich berichtet. Mehrere Mendozas waren als Kommandanten der

Truppen und spätere Gouverneure an dieser Unternehmung beteiligt. Auch die Familie Ayola sollte in Schmidels Bericht mit mehreren historischen Protagonisten in der Region von La Plata und Asunción in Paraguay vertreten sein, ähnlich wie schon zuvor die Brüder Pizarro in Peru. Die spanische „Conquista" war also keineswegs eine rein staatliche, sondern des öfteren eine vornehmlich familienpolitische Angelegenheit. Anhand von Schmidels Bericht wird diese Erkenntnis durch das Beispiel der Mendozas und Ayolas in Argentinien und Paraguay bekräftigt.

Die Expedition Mendozas und Schmidels in die La Plata-Region wurde auch von den vermögenden deutschen Handelsgesellschaften der Fugger und Welser, aus wirtschaftlichem Interesse am weltweiten Gewürzhandel, mitfinanziert. Die Fugger und die Welser waren wichtige Kreditgeber des Kaisers Karls des V. Diese großen Handelsgesellschaften besaßen Stützpunkte in Lissabon, Sevilla, Lyon, Antwerpen, Köln, Augsburg, Venedig, Verona, Mailand, Genua, Aquila und Neapel.

Die internationale Finanzierung der „Conquista"-Expedition Schmidels legt die bereits vorhandene, internationale Vernetzung der damaligen Weltwirtschaft offen. Diese länderübergreifenden wirtschaftlichen Beteiligungen waren die Geburtsstunde des transatlantischen Handels und der heutigen Globalisierung. In den Faktoreien und Häfen Südamerikas begegnet Schmidel deutschen Kaufleuten deshalb relativ häufig.

Schmidel lebte und kämpfte in einem damals wenig erschlossenen Erdteil die besten 20 Jahre seines Lebens, nämlich zwischen seinem 24. und 44. Lebensjahr. Erst 1554 kehrte der alternde bayrische Soldat in seinen Heimatort

Straubing zurück, nachdem er brieflich davon erfuhr, das Vermögen seiner Familie geerbt zu haben. Schmidel wurde nach seiner Rückkehr aus Südamerika Straubinger Ratsherr. Er konnte sich indes nicht sofort zur Ruhe setzen: Als bekennender Lutheraner musste Schmidel das katholische Straubing auf dem Höhepunkt der Auseinandersetzungen im Zuge der Glaubensspaltung schon bald wieder verlassen. Er ging nach Regensburg, wo er 1580 im Alter von 70 Jahren eines natürlichen Todes starb.

Unter dem Titel *WAHRHAFTE HISTORIE EINER WUNDERBAREN SCHIFFFAHRT*, die 1599 in einer schönen, bebilderten Ausgabe im Münchner Verlag von Albert Langen erschien, verfasste Ulrich Schmidel seine Memoiren über Südamerika aus einer Mischung von konkreten Erlebnissen und mitgehörten Legenden.

Die historische Ausgabe von Albert Langen diente dem Herausgeber als Hauptquelle für die vorliegende Edition. Die abgedruckten Bilder sowie die Schreibweise der Orts- und Personennamen, inklusive der hier gewählten Schreibweise des Autors als „Schmidel“ (und nicht „Schmiedel“), folgen der Münchner Ausgabe von 1599. Allein die Sprache, Schmidels Frühneuhochdeutsch, und die Frakturschrift wurden modernisiert, um eine leichtere Lektüre zu ermöglichen. Für die sprachliche Anpassung Schmidels an moderne Zeiten dankt der Herausgeber seinem Kollegen, Dr. Lars Hoffmann, aus der Universität Mainz.

Die Niederschrift des Werkes erfolgte um das Jahr 1567, etwa 13 Jahre nach der Rückkehr des Autors in seine bayrische Heimat. Obwohl als rückblickende Memoiren eines alternden Soldaten niedergeschrieben, bleibt Ulrich Schmidels Reisebericht über die eigenen militärischen

Unternehmungen zwischen 1534 und 1554 in Südamerika eine Quelle aus erster Hand. Er beschreibt nicht nur die militärischen Manöver, die eigenen Nöte, den Hunger, das gegenseitige Misstrauen, die Machtkämpfe in der Truppe, die eigenen und fremden Verluste, kurzum die ganze Brutalität des Expeditionsalltags in einem Eroberungsfeldzug, sondern auch die bunte, fremdartige, damals in Deutschland und Europa unbekannte Welt der Ureinwohner mit ihren faszinierenden Bräuchen, die Schmidel fast immer ohne Wertung, wenngleich auch nicht immer besonders differenziert oder zuverlässig, beschreibt.

Als Augenzeuge erlebt Schmidel seine Geschichte „an der eigenen Haut" und vermag sie trotzdem publikumswirksam zu gestalten. Sein Bericht steht damit am Ursprung der modernen Kriegsberichterstattung mit einem ethnologischen Unterbau. Die „Wahrhafte Historie" ist damit lebensnah und literarisch zugleich.

Schmidel nahm aktiv an der Eroberung der Region um die Flüsse Paraná, Uruguay, Rio de la Plata und Paraguay teil, wo heute die Staaten Argentinien, Brasilien, Paraguay, Uruguay und Bolivien zu finden sind. Als Soldat gewährt uns Schmidel dabei eine gänzlich neue Perspektive auf das historische Geschehen, da Berichte über das koloniale Amerika und seine Ureinwohner in seiner Zeit ansonsten überwiegend von christlichen Missionaren und Priestern verfasst wurden. Schmidel ist jedoch als Soldat – erfreulicherweise – jegliche missionarische oder christlich-moralisierende Absicht fremd.

Zum thematischen Spektrum der „*WAHRHAFTEN HISTORIE EINER WUNDERBAREN SCHIFFFAHRT*" im Überblick:

Anders als der pompöse Titel vermuten lässt, handelt Ulrich Schmidels „Historie“ kaum von der eigentlichen Überfahrt aus Spanien nach Südamerika im Jahre 1534, mit der das Werk beginnt, oder gar von weiteren Abenteuerreisen auf hoher See, sondern vielmehr von vielfältigen Erlebnissen zu Lande nach der Ankunft des Autors in jenem Erdteil, während der zwei Jahrzehnte, die er anschließend dort verbringt.

Schmidels Weg führte ihn von Deutschland nach Antwerpen im heutigen flämischen Teil Belgiens und von dort weiter in die Häfen Cadiz und St. Lucas bei Sevilla in Südspanien, wo er zwei Wochen mit seiner Truppe auf ein günstiges Wetter für die große Überfahrt über den Atlantik nach Südamerika warten musste.

Sobald sich die Wetterlage beruhigte, reiste Schmidel als Teil einer insgesamt mit 14 Schiffen ausgestatteten Flotte über die kanarischen Inseln und die portugiesischen Azoren weiter nach Rio de Janeiro im damals portugiesischen Brasilien. Dann reiste er schließlich weiter, von Brasilien ausgehend, über die große Süßwasserader des Rio Paraná gen Süden in die Zielregion des Rio de la Plata im heutigen Ländervierreck Argentinien, Paraguay, Uruguay und Rio Grande do Sul (Brasilien).

In dieser an mächtigen Flüssen überreichen Region war Schmidels Truppe auch mit Booten und Kanus ständig auf den lokalen Hauptgewässern unterwegs. Doch die wichtigsten Fakten und seine größten Erlebnisse fanden bei den Expeditionen zu Lande statt. In den Jahren 1536 und 1537 war Schmidel beispielsweise, zusammen mit seinen sich abwechselnden Kommandanten aus den beiden spanischen Hauptfamilien, Mendoza und Ayola, an der

Gründung der ersten Befestigungsanlagen der heutigen Hauptstädte von Argentinien und Paraguay – Buenos Aires und Asunción – persönlich beteiligt.

Der Titel des Werks als „HISTORIE EINER WUNDERBAREN SCHIFFFAHRT" trifft also, genau genommen, nicht zu. Das „Wunderbare" an Schmidels Expedition geschah stets zu Lande.

Es ist denkbar, dass Schmidel die Leserschaft mit diesem „falschen" Titel bewusst auf die Exotik Amerikas und der Übersee hinweisen wollte, um dem Werk zu mehr Popularität und zu größerer Verbreitung zu verhelfen – eine Sorge, die die Autoren seiner Generation seit den Tagen des berühmten Italieners Amerigo Vespucci und seines Verkaufsschlagers *Mundus Novus* („Neue Welt") von 1503, das dem gesamten Kontinent schließlich seinen Namen geben sollte, durchaus begleitete.

Amerigo Vespucci, der große „Bestseller" des 16. Jahrhunderts, hatte von 1501 bis 1503, also drei Jahrzehnte vor Schmidel, eine ähnliche Region bereist, nämlich die brasilianische Küste. Sein Werk „Neue Welt" handelt von den exotischen Landschaften und Völkern nach dieser Reise durch Brasilien und wurde zur absoluten literarischen Sensation seiner Zeit. Dieser Erfolg und der Stil Verpuccis beeinflussten alle folgenden Generationen von „Amerika-Abenteurern", zu denen auch Ulrich Schmidel zählte, nachhaltig.

Schmidel ist indes weniger das rein Exotische oder Sensationelle, wie beim „Boulevard-Begründer" Amerigo Vespucci, sondern der nüchterne Blick für das Allzumenschliche seiner Epoche ein ständiges Anliegen, was einen besonderen Reiz und die Qualität seiner Memoiren ausmacht.

Er schildert ohne Sentimentalismus spannende Begebenheiten, die nachvollziehbaren Nöten und Leidenschaften aus seiner unmittelbaren Umgebung entspringen.

Ein erstes Beispiel ist die Schilderung der Liebesaffäre um den Vetter seines Kommandanten Pedro, einen gewissen Don Jorge de Mendoza, welcher eine Bürgerstochter aus der kanarischen Insel Palma lieb gewonnen hatte und ihretwegen seine Karriere als Konquistador aufgeben musste (Kapitel 2: *„Von Hispanien zu den Kanaren"*).

Die kanarischen Militärs griffen nämlich wegen dieser „Familienschande" Schmidels Flotte mit ihrem Kanonengeschwader an. Spanier bombardierten also auf einmal andere Spanier, um die Ehre der kanarischen Dame zu wahren und die Herausgabe des Herzensbrechers an die lokale Justiz zu erwirken, bis sich ein Vermittler fand, der die erhitzten Gemüter zu beruhigen wusste. Don Jorge de Mendoza wird Ehemann der kanarischen Bürgerin und bleibt bei seiner Ehefrau zurück. Um Haaresbreite wäre aber die teure, internationale Unternehmung der „La-Plata-Expedition" an dieser nebensächlichen Herzensangelegenheit vor ihrem eigentlichen Beginn bereits zu Grunde gegangen.

Diese Einsicht in das Menschliche seiner Zeit und in das Zerbrechliche des „Conquista"-Vorhabens, das an seinen widrigen bis widrigsten Umständen immer wieder endgültig zu scheitern drohte, begleitet Schmidel durch das gesamte Werk.

Wenn die kleine Truppe nicht von feindlichen Indiostämmen umzingelt wurde, dann zerfleischte sie sich selbst. Die Tage waren anstrengend, den Nächten nicht zu trauen: *„Schlugen demnach Tag und Nacht einander, und fing der*

Teufel gar unter uns zu regieren an, dass keiner vor dem andern sicher war. Solchen Krieg trieben wir selbst untereinander ein ganzes Jahr lang." (Kapitel 41: „*Christen miteinander uneinig*").

Eine der eindruckvollsten Passagen lesen wir im Kapitel 9: „*Wie die Stadt Buenos Aires gebaut, und von der Hungersnot, die wir gelitten*".
Schmidel beschreibt hier den faktischen Kannibalismus der Konquistadoren – aus bitterer Hungersnot. Nachdem sie die eigenen Schuhe oder ihre Pferde gegessen hatten, aßen sie ihre toten Kameraden, sogar die Leichen von Blutsverwandten, um zu überleben.

Kulturgeschichtlich ist diese Passage, die Schmidel in seiner nüchternen und militärischen Art ohne große Worte schildert, von unschätzbarer Bedeutung, weil die Figur der „Menschenfresser" in Schmidels Jahrhundert seit Amerigo Vespuccis berühmtem Buch, das bereits erwähnt wurde, als *die* politische Rechtfertigung für die Notwendigkeit der „Zivilisierung" der amerikanischen „Wilden" durch die Europäer diente.

Die Gesetzgebung der Spanier und Portugiesen, die sich zumindest *pro forma* um die Legitimierung und um rechtliche „Grenzen" der Gewalt gegen Indios während der *Conquista* bemüht war, sah eine Reihe von zulässigen Ausnahmen vor, die vor allem die „bösen Kannibalen" – damals sprach man eher von „Menschenfressern" – unter den Ureinwohnern betrafen. Diese „Menschenfresser" durften, nein, sie *mussten* gefangen, versklavt oder getötet werden – im Namen einer höheren christlichen Moral und Zivilisation, die den Kannibalismus verabscheute und angeblich auch verhindern oder überwinden sollte.

Nun berichtet uns Ulrich Schmidel hier von christlich-spanischem Kannibalismus, der selbst die eigenen Geschwister nicht verschonte.

Diese Passage, eine der bedeutsamsten der gesamten Geschichte der *Conquista* Amerikas, haben wir dem Soldaten Schmidel zu verdanken. Kein Missionar hätte und hat jemals gewagt, so schonungslos und darum so besonders glaubwürdig mit Seinesgleichen umzugehen. Dieser Abschnitt, der Schmidels besten Erzählstil besonders treffend repräsentiert, verleiht seinem Werk eine inhaltliche Einzigartigkeit im Rahmen der zahllosen Berichte und Bücher über das koloniale Amerika.

Schmidels „Historie“ reiht sich in eine lange Abfolge von Büchern über die Eroberung des amerikanischen Kontinents. „Ethnographien“ in Buchlänge über die südamerikanischen Indios sind in der zweiten Hälfte des 16. Jahrhunderts sogar besonders häufig entstanden. Schmidel war nicht der einzige Europäer und nicht einmal der einzige „Deutsche“, der in seiner Zeit über dieses Thema veröffentlichte.

Ein ebenfalls berühmt gewordener Landsmann und Zeitgenosse Schmidels war Hans Staden aus dem hessischen Homberg, der sich im kolonialen Brasilien sogar zur selben Zeit aufhielt, wie Schmidel seinerseits in der benachbarten Region La Plata.

Staden war Büchsenschütze und Kanonier. Er hatte sein Waffenhandwerk in den Schmalkadischen Kriegen in deutschen Landen gelernt, wurde 1549 von portugiesischen Seefahrern als Söldner angeheuert und vermutlich noch in diesem Jahr nach Brasilien verschifft. Ab 1553 geriet Staden nach eigenen Angaben für zwei Jahre in Gefangenschaft bei den Tupinambá-„Kannibalen“ nahe dem heutigen Rio de

Janeiro, bis er 1555 von einem französischen Kapitän freigekauft werden konnte und – ähnlich wie Schmidel – in seine hessische Heimat zurückkehren durfte. Er hinterließ seine *„Wahrhaftige Historie und Beschreibung einer Landschaft der Wilden, Nackten, Grimmigen Menschenfresser in der Neuen Welt America gelegen"*, die erstmalig 1557 in Marburg erschien. Sie liegt übrigens auch als Edition Erdmann vor: *„Historia von den nackten, wilden Menschenfressern"* (München 2006).

Hans Staden war in Mentalität und Werdegang Ulrich Schmidel vergleichbar, aber von niedrigerer sozialer Herkunft. Trotzdem fühlte er sich zu einem längeren „Amerika-Bericht" – (hier war wiederum Amerika = Brasilien) – berufen, weil dieses Thema eine literarische Mode der Zeit war.

Staden und Schmidels Berichte verdeutlichen die hohe Popularität dieser Literaturgattung in der zweiten Hälfte des 16. Jahrhunderts. Dies galt nicht nur für das deutschsprachige, sondern für das gesamte europäische Publikum in der Nachfolge Vespuccis. Bei Hans Staden ist der Einfluss Vespuccis sogar noch deutlicher spürbar als bei Ulrich Schmidel.

Andere bedeutende Autoren dieser frühen „Ethnographien" über die südamerikanischen Indios, die in Form von spannenden Reiseberichten erschienen, seien auch aus dem nicht-deutschsprachigen Raum zitiert: Der französische Franziskaner und Kosmograph aus Angoulême, Bruder André Thevet, der seine *„Singularités de la France Antarctique autrement nomée Amérique"* (*„Besonderheiten aus dem Antarktischen Frankreich, anderweitig Amerika genannt"*) in Paris 1557–58 zuerst publizierte; der kalvinistische Prediger Jean de Léry aus dem schweizerischen Genf, der nach seiner Rückkehr aus Brasilien das Werk „*Histoire d'un voyage fait en la terre du Brésil*" („*Geschichte einer in das Land Brasilien unternommenen Reise*"), erstmalig in Genf 1578 erschienen, hinterließ. Beschrieben wurde bei Jean de Léry und André Thevet der Versuch der Etablierung einer französischen Kolonie in Rio de Janeiro, der allerdings schon 1567 von den Portugiesen militärisch beendet wurde.

Darüber hinaus berichten portugiesische und französische Quellen von einem „Fest" eingereister Tupi-Indianer in der französischen Stadt Rouen im Jahre 1550, das die französische Nobilität und die gebildete Öffentlichkeit beeindruckt haben soll. Die südamerikanischen Indios sollen dort Federschmuck gezeigt, Tänze und Gesänge ihrer Kultur vorgetragen haben: ein interessantes, sehr frühes Beispiel eines „Kulturfestes".

Europa war jedenfalls in der zweiten Hälfte des 16. Jahrhunderts überall daran interessiert, die südamerikanische Kultur der Tupi-Guarani-Völker zu entdecken und aus der Nähe zu betrachten.

Der französische Philosoph Michel de Montaigne widmete in seinen „Essays" den „Kannibalen" einen eigenen Abschnitt. Später faszinierte die „natürliche Ursprünglichkeit" dieser südamerikanischen Kultur den Aufklärer Jean Jacques Rousseau, der in der Nachfolge Montaignes am europäischen Mythos des „Guten Wilden" („*le bon sauvage*") weiter dichtete. Der „Gute Wilde" beeinflusste schließlich auch das Menschenbild der großen Revolution in Frankreich.

Die damals so stark in Mode gekommenen, südamerikanischen Tupi-Guaranis kommen natürlich auch in

Schmidels „Historie“ ständig vor. Neben nomadischen Völkern kleinerer Sprachfamilien, wie den Querandíes, Tiembus, Cherrúas, Agazen, Maipais u.v.a.m., sind vor allem die „*Carios*“ (eigentlich „*Carijós*“), ein großer Stamm der in Südamerika am weitesten verbreiteten Sprachfamilie Tupi-Guarani, zunächst die ärgsten Feinde, allmählich aber die wichtigsten Verbündeten von Schmidels Truppen und schließlich für den dauerhaften Erfolg der spanischen Feldzüge hauptverantwortlich.

Die ethnographische Kompetenz des bayrischen Soldaten ist gewiss mit Vorsicht zu genießen. Der häufigste Gemeinplatz Schmidels über die unzähligen indianischen Völkerschaften Südamerikas, der seine absolute Unkenntnis von irgendwelchen Details deutlich verrät, lautet: „*Sie haben anders nichts zu essen als Fisch und Fleisch*“. Diese Aussage kommt bei Schmidel sogar mehrfach vor. Allgemeiner und „nichts sagender“ kann eine Gruppe von Menschen nicht beschrieben werden. Diese hilflose Aussage würde sogar über die heutige Menschheit im 21. Jahrhundert – Vegetarier ausgeschlossen – noch zutreffen. Was essen nicht vegetarische Menschen außer Fisch und Fleisch überhaupt?

Eine Ausnahme bilden jene „*Carios*“ oder „*Carijós*“. Hier hat Schmidel Muße und Gelegenheit, eingehender zu befragen und besser zu beobachten. Er widmet diesen historisch bedeutenden Ureinwohnern Südamerikas mehrere Passagen und zwei längere Beschreibungen seines Werkes: das Kapitel 20 („*Die Stämme Carios*“) und das Kapitel 52 („*Der Autor Ulrich Schmidel verlässt den Fluss Paraná, ziehet über Land, und was ihm bei den Tupis widerfährt*“).

Es lohnt sich, Schmidels Beschreibungen dieser neben den Azteken von Mexiko, den Maya in Zentralamerika und den Inka in den Anden wohl wichtigsten Kultur des vorkolonialen Amerika, die ein beachtliches Gewicht in seiner „Historie“ einnimmt, mit dem heutigen ethnologischen Forschungsstand zu vergleichen, um sie dem heutigen Leser ein Stück näher zu bringen. Denn die Kultur der Tupi-Guarani ist selbst unter südamerikanischen Historikern und Amerikanisten sträflich vernachlässigt worden. Sie ist aber ein Schlüssel zum Verständnis nicht nur der „Historie“ Schmidels, sondern der gesamten Geschichte dieses Erdteils.

Schmidel beschäftigt sich mit dieser Hauptkultur, wie bereits erwähnt, an zwei Abschnitten in seinem Werk. Die beiden Kapitel 20 und 52 verweisen thematisch aufeinander. Wenn der bayrische Autor ansonsten äußerst knapp in bekannten Allgemeinplätzen über die Nacktheit, die einfache Behausung oder die Nahrungsgewohnheiten der überall angetroffenen Indio-Stämme berichtet, so leistet er sich im Kapitel 20 über die „Stämme Carios“ auf einmal gleich mehrere Absätze.

Die „Carios“ hätten laut Schmidel einen patriarchalischen Brauch, weibliche Familienmitglieder nach Lust und Laune zu verkaufen: der Vater seine Tochter, der Mann seine Frau, der Bruder seine Schwester. Eine Frau koste bei ihnen so viel wie ein Hemd, ein Brotmesser, eine kleine Hacke oder etwas Vergleichbares.

Außerdem äßen die „Carios“ Menschenfleisch, wo sie es in die Hand bekämen, aber insbesondere dann, wenn sie Krieg führten und Gefangene machten. Einen solchen Kriegsgefangenen fütterten sie, *„wie bei uns in Teutschland die Schweine“*. Junge und schöne Gefangene würden sie für sich behalten und mästen, bis sie sich derer überdrüssig würden. Dann schlügen sie sie auch tot und fräßen sie ebenfalls in einem großen Festbankett, *„wie hernach bei uns die Hochzeiten gehalten werden."*

Die „Carios" reisten weiter und mehr als jeder andere Stamm des ganzen Landes von La Plata. Sie seien schließlich vortreffliche Krieger zu Wasser und zu Lande.

Im Kapitel 52, als sich Schmidel aus der Region La Plata kommend, in Brasilien unterwegs, bereits auf dem Heimweg zurück nach Deutschland befand, begegnete er im brasilianischen Süden den „*Tupis*". In diesem Volk äßen die Menschen laut Schmidel ihre Feinde und täten nichts Anderes, als dass sie immerzu Krieg führten; und wenn sie ihren Feind überwanden, so geleiteten sie die Gefangenen in ihre Mitte, *„gleich wie bei uns die Hochzeiten eingeleitet."*

Wenn sie alsdann diese Gefangenen umbringen wollten, so richteten sie dazu einen großen Triumph an. Solange jene aber noch Gefangene seien, gebe man ihnen alles, was sie begehrten, bis die Stunde komme, an der sie dran glauben müssten. Schließlich schlägt der Bayer die thematische Brücke zurück zu den „Carios" von Kapitel 20 und schreibt über die „Tupis" wie ein professioneller Ethnograph: *„Sie haben eine gleich Sprache mit den Carios und ist gar eine kleine Differenz dazwischen."*

Ulrich Schmidel erkennt hier in der Tat einen komplexen ethnographischen Zusammenhang: Die „Carios", die er aus der La Plata-Region im heutigen Argentinien und aus Paraguay nur zu gut kannte, und die brasilianischen „Tupis", etwa 1500 bis 2000 km weiter entfernt, waren sprachlich miteinander verwandt und unterschieden sich in ihren Bräuchen nur wenig voneinander. Er erkennt auch, dass die „Carios am weitesten reisten" – sich also am weitesten von allen Stämmen ausgedehnt hätten. An dieser Stelle erahnt Schmidel die immense Ausbreitung dieser Kultur, die in seiner Zeit bereits vom südlichen Uruguay bis zum nördlichen Amazonien reichte.

Die heutige ethnologische und archäologische Forschung bestätigt diese Beobachtungen Schmidels. Die größte südamerikanische Sprachfamilie im tropischen Tiefland, die Makro-Tupi-Guarani, präsentierte sich schon lange vor Ankunft der Europäer in einer kontinentalen Verbreitung. Einige Sprachen dieser Familie (Chiriguano, Tapieté und Guarayo) sind noch heute im tropischen Teil Boliviens zu verorten. Guarani und Kwangwá (früher „Carijós" genannt) weiter südlich im brasilianischen Bundesstaat Mato Grosso do Sul, Paraguay und im Norden Argentiniens, während die Tupinambá, Tupiniquim und Potiguara – die „Tupis" Schmidels – die einst die gesamte Atlantikküste Brasiliens beherrschten und inzwischen ausgestorben sind, nach Osten bis zum letzten Hindernis, dem Atlantischen Ozean, „auswanderten".

Die Gründe für diese langen Wanderungen der Tupi-Guarani waren religiöser Natur, weshalb es sich hier lohnt, kurz auf ihre religiösen Bräuche einzugehen.

Das Fehlen von Tempelanlagen, Götterstatuen oder auch von jeglicher Form von Schriftkunde und heiligen Büchern wurde von Spaniern und Portugiesen als Abwesenheit von Religiosität überhaupt missverstanden. Selbst Schmidel nennt die „Tupis" im Kapitel 52 in einer seiner ansonsten eher seltenen Wertungen *„epikureisch"*, d.h. allein den Sinnesfreuden hingegeben. Sie lebten in den Augen der europäischen Beobachter offensichtlich als reine „Naturmenschen" ohne Scham vor der eigenen Nacktheit, ohne Moral und ohne erkennbare Religion.

Dabei verkannten die Europäer, dass die Religion und alle religiösen Handlungen der südamerikanischen Tupi-Guarani-Gemeinschaften grundsätzlich mit dem Bereich des Unsichtbaren zu tun hatten, wofür es keine festgelegten, zur Schau gestellten, plastischen Darstellungen oder irgendwelche Bilder gab. Sollte ein einziger Sammelbegriff für die Grundausrichtung der Religiosität der Tupi-Guarani-Gemeinschaften einmal gesucht werden, so wäre das Wort „Spiritismus“ in dessen Kernbedeutung als Glaube an verschiedene Geister und unsichtbare Kräfte vielleicht der treffendste.

Für die langen Wanderungen, die Schmidel beobachtet hatte, war aber ein anderes, ebenso unsichtbares Element der Religion konstitutiv, das nur in den Liedern, Gesängen und Feierlichkeiten der Tupi-Guarani zur Sprache kam: Der Glaube an ein „gelobtes Land“ oder die Suche nach einem wörtlich verstandenen „Land ohne Übel“ („*Yvy Maran Ey*“). Diese uralte Sehnsucht war vielleicht der charakteristichste gemeinsame Glaubensinhalt der halbnomadischen Tupi-Guarani-Stämme.

Unter „halbnomadisch“ versteht die Ethnologie hier die Tatsache, dass die Tupi-Guarani-Gemeinschaften nicht das ganze Jahr lang rastlos wanderten, sondern sogar für lange Zeit sich in einer bestimmten Region niederlassen konnten. Sie bauten aber aus Prinzip keine Städte, Burgen oder Mauern. Der Aufenthalt behielt stets eine erwünschte „Flexibilität“, die es ihnen erlaubte, aus religiösen oder militärischen Gründen, z. B. in der schnellen Flucht vor übermächtigen Feinden, jederzeit weiter zu ziehen.

Yvi Maran Ei, das „Land ohne Übel“, war kein christliches Jenseits, das nur nach dem Tod angesichts guter Lebensführung erreicht oder „verdient“ werden konnte, sondern erinnert eher an das „gelobte Land“ des mosaischen Judentums, wo Milch und Honig fließen und mit eigenen Füßen betreten werden kann.

Es waren aber nicht diese friedlichen, paradiesischen und spiritistischen Vorstellungen, welche die Tupi-Guaranis in Europa und in der Welt im Zeitalter Schmidels wirklich berühmt machen sollten, sondern diejenigen Bräuche, die in den Augen der Beobachter „barbarisch“ oder „grausam“ waren und christliche Tabus heftig brachen – insbesondere die allseits erblickte *Anthropophagie*, also der „Kannibalismus“ oder, um mit den Worten des 16. Jahrhunderts zu sprechen, die *„Menschenfresserei“*.

Die Existenz oder Nichtexistenz der „Menschenfresserei“ bei den Tupi-Guarani-Stämmen und auch bei vielen anderen indianischen Völkern ist in der Forschung über die Geschichte Südamerikas bis heute sehr umstritten.

Sicherlich wurde dieser Vorwurf aus politischen Interessen häufiger erhoben als der Tatbestand tatsächlich angetroffen, denn „Kannibalismus“ diente als *der* Vorwand für die militärische Bekämpfung und die gewaltsame Missionierung jener „Barbarenvölker“, mit denen Spanier und Portugiesen schließlich machen durften, was sie wollten.

Die auf dem Papier durchaus indiofreundliche Gesetzgebung Spaniens und Portugals jener Zeit sah daher besondere Ausnahmen für die „Kannibalen“ vor. Diese waren nämlich im Gegensatz zu den „sanften“, also „fügsamen“ Indios, völlig rechtlos, den „wilden Bestien“ vergleichbar und diesen rechtlich gleichgestellt. So erfanden die Europäer die „Menschenfresserei“ als Sensationshascherei und Rechtfertigung der *Conquista*, um ihren Eroberungszwecken zu dienen, sagen einige Amerikanisten.

Eine andere Position der ethnologischen Forschung verteidigt die Existenz einer *rituellen* Anthropophagie – jedoch ganz gewiss nicht zur Nahrungsaufnahme gedacht, wie bei den wilden Tieren, sondern aus religiösen Gründen motiviert.

Die Tupi-Guarani sollen nach dieser ethnologischen Position in der Tat gewaltsame Rachefeldzüge gegen ihre traditionellen Feinde geführt haben, die ihnen in der Vergangenheit irgend etwas angetan oder weggenommen hatten.

Dieser „Kult der Rache" am traditionellen Feind, mit ritueller und kollektiver Verspeisung von Körperteilen (in einer Form von „Suppe") besonders tapferer und verehrter Kriegsgefangener, die als Höhepunkt der kriegerischen Triumphfeierlichkeiten stattfand, waren somit ein kollektiver Racheakt für vergangene Verbrechen des feindlichen Stammes, dem die Opfer angehörten, und zudem die rituell-animistische Inbesitznahme ihrer Kampfeskraft, die sich auf die siegreiche Gemeinschaft durch die festliche „Suppenzeremonie" übertrug.

Bei diesen ausgelassenen Feierlichkeiten, die mehrere Tage dauern konnten, und deshalb von Schmidel mit europäischen „Hochzeiten" verglichen wurden, brauten die Tupi-Guaranis ein Rauschgetränk aus der Maniokwurzel namens *Cauim*. Dieses Getränk, von dem Schmidel mehrfach zu berichten weiß, ermöglichte der Gemeinschaft, mit den Ahnen und Geistern zu kommunizieren und die „Welt hinter der Welt" zu erschauen.

Es wurden bei diesen öffentlichen Riten jedoch vermutlich keine oder, wenn überhaupt, nur selten irgendwelche Europäer „gefressen", wie allzu oft irrtümlich behauptet.

Die damals neu in diese Regionen eindringenden Europäer waren (noch) keine traditionellen Feinde der Tupi-Guarani-Kultur. Sie hatten laut den alten Sagen den eigenen Ahnen der Gemeinschaft in grauer Vorzeit nichts angetan. Die Gräuel der *Conquista* standen ja noch bevor.

Nach dem heutigen Stand der Forschung wurden auch keine jungen oder schönen Frauen gefangen und „gemästet", um in der Überdrussphase dann „gefressen" zu werden, wie Schmidel auf verräterische Weise hin und wieder selbst sehr gerne phantasiert. Gefangene Frauen hätten in der Logik dieser patriarchalischen Gemeinschaft von Kriegern überhaupt keine „Kampfeskraft" zu verleihen. Es wäre quasi sinnlos, Frauen rituell zu opfern, da sie nicht in den Krieg zogen und keinen Kampfesmut zu bieten hatten. Im Endeffekt war der religiöse Akt der „Feindesverspeisung" der Versuch, sich dessen Fähigkeiten körperlich anzueignen. Dass dieser fremdartige Kult allen Europäern abscheulich und barbarisch vorkommen musste, leuchtet sofort ein.

In einer hoch interessanten Passage des portugiesischen Jesuiten Fernão Cardim, der im Jahrhundert Schmidels die Tupi-Guarani dieser Gegend missionierte, ist die umgekehrte „Meinung" derselben „Kanninalenvölker" über unsere gewöhnliche Erdbestattung in dessen *„Traktat über Land und Leute"* (*„Tratados da Terra e Gente"* Lissabon ca. 1580) festgehalten worden.

Einige Gefangene der Tupis sollen laut diesem portugiesischen Jesuitenmissionar sogar froh über die ihnen erwiesene Ehre gewesen sein, rituell „verspeist" zu werden, weil sie sagten, es sei eine überaus traurige, gar eklige Alternative, unter dem Gewicht der Erde vergraben zu werden und dabei zu verfaulen, zu stinken und von niederen Tieren, wie Würmern und Insekten, statt von edlen Menschenkriegern, zum Fraß geworfen zu werden.

Diese Stelle lehrt uns viel über den menschlichen Blick auf eigene und fremde Tabus: Hätten die Tupi-Guaranis das christliche Europa erobert, dann wäre vermutlich die christliche Erdbestattung von ihnen als barbarisch verabscheut und unter drakonischen Strafen abgeschafft worden…

Die große kulturhistorische Bedeutung der Tupi-Guarani-Kultur für Südamerika lässt sich bis heute an vielen Erscheinungen ablesen. Es fehlt an Zeit und Raum, alle Belege und Einflüsse auf Sprache, Mentalität, Religion und Kultur der südamerikanischen Länder aufzuzählen.

Am deutlichsten ist vielleicht der Umstand, dass die Namen der Staaten „Uruguay" und „Paraguay" aus dieser indianischen Sprache stammen, wie übrigens auch touristisch weltberühmte Orte, wie das Fußballstadium „Maracanã" oder die Strände von „Ipanema" oder „Copacabana" in Rio de Janeiro.

Guarani ist noch heute die zweite offizielle Amtssprache der Republik Paraguay, wo sich diese in der Zeit Schmidels dominierende Kultur am besten bis heute erhalten hat.

Es ist Schmidel zugute zu halten, dass er überwiegend ein *Beobachter* blieb, statt zum Richter zu mutieren. In den meisten Abschnitten seines Werkes ist sein Duktus sachlich und faktisch orientiert. Das einzige Mal, das der bayrische Soldat einer regelrechten Schwärmerei zum Opfer fällt, betrifft die seltsame Schilderung der kriegerischen Amazonen, die er – wie vor ihm die ersten Entdecker – aus dem antiken Griechenland in die warmen Tropennächte importierte.

Erotische Beweggründe und lange sexuelle Entbehrungen während der harten Feldzüge mögen hier federführend gewesen sein. Jedenfalls mutet das Kapitel 37 *„Der Weiber Amazonen Beschreibung“* im Vergleich zum übrigen, trocken gehaltenen Ton, befremdlich an.

Die Legende der sogenannten „Amazonen“, kriegerisch und matriarchalisch organisierten Frauen, ist altgriechischen Ursprungs. Der Dichter Homer nennt sie im 8. Jahrhundert vor Christus in seiner *Ilias*. Die Konquistadoren importierten diese altgriechische Sage nach Südamerika. Der Amerika-Entdecker Christoph Kolumbus und Francisco de Orellana, der erste Erkunder des Flusses Solimões (heute Rio Amazonas) in Nordbrasilien, wollen angeblich auf ihren ausgedehnten Reisen voll ausgerüstete, weibliche Krieger in den Wäldern Südamerikas gesehen haben.

Amerigo Vespucci übernimmt diese Vorlage in seinem bereits besprochenen Bestseller „Neue Welt“ im Jahre 1503, erweitert sie jedoch durch die pikante Zutat der damals in Mode gekommenen *„Menschenfresserei“*. Vespuccis kriegerische „Amazonen“ sind natürlich auf einmal auch kannibalisch veranlagt. In dieser veränderten, „amerikanischen“ Gestalt verbreitet sich die alte Sage durch die ganze Welt aufs Neue.

In Schmidels Zeit lebt die hartnäckige Legende der Amazonen munter weiter, wie sein schwärmerisches Kapitel 37 von der angeblichen Suche nach ihnen beweist. Er vermischt sie zusätzlich mit der ebenfalls altgriechischen, nicht minder sagenumwobenen Zivilisation von Atlantis, die unter Wasser begraben liegt. Seine Amazonen wohnen jedenfalls auf einer schwer erreichbaren Insel: *„Diese Weiber wohnen auf einer Insul, die ist ringsum mit Wasser umfangen und ist eine sehr große Insul.“* Dieser Umstand erschwerte natürlich ihr Auffinden. Es ist kein Wunder, dass Schmidels Suche erfolglos verlief.

Wie auch immer: Die importierte, hartnäckige Sage der altgriechischen Kriegerinnen wurde so berühmt, dass sie im Namen des brasilianischen Bundesstaates Amazonas sogar bis heute fortlebt, obwohl die berüchtigten Frauen selbst niemals dort oder sonst wo entdeckt werden konnten.

Überhaupt ist das Verhältnis Schmidels zum weiblichen Geschlecht in seiner „Historie“ ein Thema für sich. Nicht nur am bereitwilligen Schwärmen von den sagenhaften Amazonen, sondern an wesentlich konkreteren Begebenheiten lässt sich dieses Verhältnis des bayrischen Soldaten in der Fremde kritisch durchleuchten.

Im Kapitel 44 („*Wir fahren wieder nach Asuncion, ziehen danach wieder ins Land, um Gold zu suchen*“) berichtet Schmidel von einem Besuch beim Stamm der Maipais. Dem Hauptmann Martin Domingo Ayola schenkten diese Indios laut Schmidel als besonderes Zeichen ihrer Wertschätzung und Gastfreundschaft *„drei schöne Metzen oder Frauen, die nicht alt waren.“* In spitzbübischer Art erdreist sich Schmidel dann zu der süffisanten, von Neid nicht ganz freien Bemerkung: *„Als es nach Mitternacht war, hatte unser Hauptmann seine drei Metzen verloren, vielleicht darum, weil er sie nit alle drei zufrieden stellen konnte, dann er war ein Mann bei 60 Jahren; sie mochten vielleicht, wann er uns Knechten gelassen hätte, nicht davon gelaufen sein.“*

Im darauffolgenden Abschnitt (Kapitel 45: *„Von den Völkern Maipais, Zemie, Tohannos, Payonas, Mayegonas, Morronnos, Paronios und Saymanos“*) erinnert uns der bayrische Söldner daran, dass er in einem Eroberungsfeldzug unterwegs ist, und gibt dann in seiner freimütigen Art zu, welche Art von Kriegsbeute er am meisten schätzte: *„denn als wir zu ihnen kamen, schlugen wir deren viel tot und nahmen gefangen Mann, Weib und Kind bis an die 3.000 Personen; und wann es sowohl wäre Tag als Nacht gewest, wäre ihrer keiner davon kommen, denn es war dies Volk auf einem Berg beieinander, welcher rings herum mit Holz umwachsen war. Ich habe für meine Person in diesem Scharmützel bei 19 von Manns- und Weibsbildern, welche nit sehr alt waren, davon gebracht, denn ich hab allzeit mehr Achtung auf die Jungen als auf die Alten gehabt, sonderlich auf die indianischen Maidlein und andere Sachen mehr, so ich zur Ausbeut bekommen. Nach solchem zogen wir wieder zurück nach unserem Lager und blieben allda acht Tage still liegen. Denn wir fanden daselbst eine gute und genügsame Unterhaltung."*

Ob die erbeuteten „indianischen Maidlein" diese acht Tage im Lager Schmidels genauso unterhaltsam fanden wie er und seine Kumpanen, bleibt dahingestellt. Jedenfalls kann diese eindeutige Motivation des bayrischen Autors, „Unterhaltung" zu suchen, die fast jedem Krieg zu allen Zeiten innewohnt, seine vorherigen Phantasien über die „Amazonen" und überhaupt seine wüsten Vorstellungen von „fressenden oder gefressenen Weibern" durchaus mitbegründet haben.

Kapitel 46 („*Von den Barkonos, Leyhanos, Cachconnos, Siberis und Paisennos*") ist einem anderen Hauptthema gewidmet. Hier will Schmidel eine merkwürdige kriegerische Auseinandersetzung unter den indianischen Völkern selbst erlebt haben – aus Mangel an Wasser: *„In diesem Flecken war nur ein einziger Brunnen, darüber musste man eine Wacht verordnen, die aufs Wasser sähe und davon Bericht täte (...) Man findet sonst in diesem Land weit und breit kein fließend Wasser,* *als was die Cisternen halten. Es führen auch diese Siberis mit vielen anderen Indianern Krieg wegen des Wassers.*"

In diesem Landstrich, durch den einige der mächtigsten Süßwasserströme der Erde hindurchfließen, wie die Flüsse Paraná, Paraguay oder La Plata, verblüfft die Darstellung Schmidels nicht wenig. Seine Beobachtung von indianischen Kriegen wegen Wassermangels ist kaum zu glauben, da die südamerikanischen Subtropen bis heute, wo doch so viele Wälder der rasanten Urbanisierung im 20. Jahrhundert zum Opfer fielen, immer noch eine durchwässerte Gegend sind, die sogar von Sumpfgebieten übersät ist. Zu Schmidels Zeiten waren die Flüsse und Sümpfe eben noch viel größer als heute. Es ist dem heutigen Leser schleierhaft, woher dieser Mangel an Wasser gerade in der La Plata Gegend herstammen soll. Dem Herausgeber ist jedenfalls kein anderer zeitgenössischer Autor geläufig, der Schmidels „Wasserkrieg" bestätigen kann.

Neben dem bereits besprochenen Abschnitt über die Suche nach den „Amazonenweibern" ist die hiesige Schilderung Schmidels vom indianischen „Wasserkrieg" historisch nicht nachvollziehbar und im Bereich des Phantastischen anzusiedeln.

Im Übrigen behält Schmidel eine klare Sicht auf die Ereignisse. Er unterstützt eine interne Rebellion gegen den als tyrannisch und eigensinnig empfundenen Hauptmann Alvaro Nuñez Cabeza de Vaca, die auch seine humanistische Vorbildung offenbart: *„Denn es steht sehr übel, dass einer in Ehren und nicht in Weisheit erhaben sein und emporschieben will. Es soll sich auch keiner wegen seiner Hochheit aufblasen und andere dadurch verachten, gleichwie die ruhmredige und stolze Kriegsgurgel Thraso im Eunuchen des Terenz. Denn ein* *jeder Hauptmann ist wegen seiner Kriegsknecht und nicht die Kriegsleut von des Hauptmanns wegen aufgenommen worden.“*

Die Rebellion verläuft erfolgreich. Es gelingt Schmidel und seinen Kumpanen, den verhassten Kommandanten „Cabeza de Vaca“ („Kuhkopf“) zu entmachten und nach Spanien zurückzuschicken.

Der Bayer ist sich am Ende des Werks zunehmend dessen bewusst, dass die politische Allianz mit dem Hauptstamm der „Carios“ kriegsentscheidend wurde. Er beschreibt sie im Verlauf des Feldzuges mehrfach. Neben den aus Europa mitgebrachten Krankheiten und den gegenüber den Kriegsgeräten der Indios weit überlegenen Feuerwaffen waren derartige europäisch-indianische Allianzen, wie diejenige zwischen Schmidels Truppe und den Cario-Kriegern, der Hauptgrund für den Erfolg des Feldzuges und schließlich der Garant für Schmidels Überleben in guter Gesundheit.

Es darf eben nicht vergessen werden, dass Schmidels „Historie“ neben aller Buntheit und Exotik schließlich militärische Memoiren sind. So überliefert uns der alternde bayrische Soldat am Ende seiner Erinnerungen eine einfache militärische Botschaft, die fast so alt ist, wie die Menschheit selbst, und die auch von beiden Seiten gleichermaßen in Anspruch genommen worden ist – sowohl von den „Carios“ als auch vonseiten des Ulrich Schmidel und der ihn begleitenden Spanier:

Verbünde dich mit deinem Feind, wenn du ihn nicht besiegen kannst.

Wahrhaftige Historie einer wunderbaren Schifffahrt, welche Ulrich Schmidel von Straubing anno 1534 bis anno 1554 in America oder Neue Welt bei Brasilia oder Rio della Plata getan.

Was er in diesen neunzehn Jahren ausgestanden und was für seltsame wunderbare Länder und Leut er gesehen. Durch genannten Schmidel selbst beschrieben. Anjetzt an Tag gegeben mit Verbesserung und Korrigierung der Stadt-, Länder- und Flussnamen, desgleichen mit einer notwendigen Landtafel, Figuren und anderer mehr Erklärung gezieret durch Levinus Hulsius

Vorrede

Als man gezählt nach Christi unsers lieben Herrn und Seligmachers Geburt tausend fünfhundert vierunddreißig Jahr, habe ich, Ulrich Schmidel von Straubing, von Antorff[1] aus über das Meer diese nachfolgende Völker und Länder, als da wären Hispanien, Indien und mancherlei Insel gesehen, unter besonderer Gefahr von Kriegsverläufen durchreist und durchzogen: welche Reis (wie sie vom oben genannten Jahr an bis auf das vierundfünfzigste währte, als mir GOTT der ALLMÄCHTIGE wieder zu Land verholfen[2]) ich nun neben dem, was mir samt meinen Gefährten in derselben unterkam und begegnete, auf das Kürzeste hierin beschrieben habe.

---

1 Antwerpen im heutigen Belgien.

2 „… *als mir GOTT der ALLMÄCHTIGE wieder zu Land verholfen.*“ Der Ausdruck heißt hier: „… als mich Gott wieder in die Heimat zurückbrachte.“

Kapitel 1

Schifffahrt von Antorff nach Hispanien

Als ich zuerst von Antorff aus in vierzehn Tagen nach Hispanien zu einer Stadt mit Namen Cadiz gekommen, wohin man 400 Meilen zur See rechnet, habe ich alldort vor der Stadt eine Balena oder Walfisch, so an die 35 Schritte lang, an den Gestaden liegen sehen, aus welchem man dreißig Tonnen (so groß wie Heringstonnen) Schmalz gezogen hat.

Bei der genannten Stadt Cadiz sind gewest 14 große Schiff mit allerlei Munition und Schießbedarf wohl gerüstet. Die haben sollen fahren nach Rio della Plata in Westindien.[3] Auch sind ebendort gewesen 2500 Spanier und 150 Hochdeutsche[4], Niederländer und Sachsen, samt

---

3 „Westindien" bedeutete in der damaligen Zeit einfach den Kontinent Amerika. Der Name „Amerika" geht auf den italienischen Abenteurer Amerigo Vespucci und dessen Werk „*Mundus Novus*" („*Neue Welt*") von 1503 zurück, welches dieser nach seiner Rückkehr aus einer Erkundungsexpedition durch die Küste Brasiliens (1501–1503) verfasste und dadurch später in ganz Europa berühmt wurde. Der Name „Amerika" für diese „Neue Welt" hatte sich aber zu Schmidels Zeit noch nicht ganz durchgesetzt. Er verwendete noch den alten Namen, der dem anfänglichen Irrtum des Christoph Kolumbus zu verdanken war: „Indien" oder „Westindien".

4 Die Bezeichnung „Hochdeutsche" ist hier vermutlich rein geografisch. Es sind wohl eher „Norddeutsche" gemeint – im Vergleich zu den Sachsen oder den Bayern. Jedenfalls waren sie alle damals, und so auch der Autor Ulrich Schmidel selbst, als Untertanen des Heiligen Römischen Reiches Deutscher Nation unter dem spanischen Kaiser Karl V. (1500–1558) vereinigt.

unser aller oberstem Hauptmann mit Namen Don Pedro de Mendoza.[5]

Unter diesen 14 Schiffen hat eines gehört Herrn Sebastian Neithart[6] und Herrn Jakobus Welser zu Nürnberg,[7] welche ihren Gehilfen Heinrich Peime mit Kaufmannschaft nach Rio della Plata geschickt. Mit denselben bin ich und andere Hochteutsche und Niederländer, ungefähr an die 80 Mann, wohl gerüstet mit Büchsen und Gewehren nach Rio della Plata gefahren. Alsdann sind wir mit dem oben vermeldeten Herrn und obersten Hauptmann von Sevilla mit 14 Schiffen ausgelaufen und am St. Bartholomäitag im selben Jahr zu einer Stadt in Hispanien gekommen, St. Lucas genannt, welche 20 Meilen von Sevilla liegt. Allda sind wir still gelegen von wegen der ungestümen Winde bis auf den ersten Septembris eben dieses Jahres.[8]

---

5 Don Pedro de Mendoza (1487 1537), Konquistador aus der spanischen Provinz Granada. Er leitete die von Ulrich Schmidel dargestellte Expedition in die Region des Rio de la Plata, mit der Schmidel nach Amerika kam. Don Pedro starb 1537 auf der Heimreise nach Spanien (s.u. Kapitel 14).

6 Sebastian Neidhart aus Ulm (1496–1554) war ein bedeutender deutscher Kaufmann und einer der wichtigsten Geldgeber des Kaisers Karl V. Im Jahr 1535 bildete Neidhart zusammen mit Jakob Welser aus Nürnberg (s. Fußnote 7) das, was wir heute eine „joint venture" nennen würden: Sie finanzierten gemeinsam die Expedition des spanischen Hauptmanns Pedro de Mendoza in die La Plata-Region, an der Ulrich Schmidel schließlich teilnehmen sollte, und stifteten dafür laut Schmidel ein ganzes Schiff.

7 Die Welser waren eine in Nürnberg und Augsburg ansässige, sehr vermögende Familie. Jakob Welser (1468–1541), von dem hier wohl die Rede ist, war der Begründer der Nürnberger Linie.

8 Der Tag von St. Bartholomäus, einem der zwölf Apostel Christi, ist der 24. August. Die Truppe Schmidels musste also wegen des Unwetters vom 24.8. bis zum 1.9.1534 in der Stadt St. Lucas bei Sevilla warten, bis sie abfahren durften.

Kapitel 2

Von Hispanien zu den Kanaren

Daraufhin sind wir von St. Lukas abgeschifft und zu drei Inseln kommen, die beieinanderliegen. Deren erste heißt mit Namen Teneriffa, die andere Gomera, die dritte Palma.[9] Und liegt diese letzte Insel gen 200 Meilen von der Stadt St. Lukas. An dieser Insel haben sich die Schiffe ausgeteilt. Solche Inseln gehören der Kaiserlichen Majestät, und wohnen nur Spanier samt ihren Weibern und Kindern darauf; und allda gibt es viel Erdfeuer.[10] Wir sind auch mit drei Schiffen nach Palma kommen, haben da vier Wochen gelegen und haben die Schiffe wiederum mit Proviant versehen und ausstaffiert.

Alsdann hieß uns unser Oberster Don Pedro Mendoza, der ungefähr acht oder neun Meilen von uns lag, zu sich. Nun hatten wir auf unserem Schiff des Herrn Pedro Mendoza Vetter, den Don Jorge Mendoza[11], welcher eine Bürgerstochter in Palma lieb gewonnen hatte. Als wir nun

---

9 Teneriffa, Gomera, Palma: drei der insgesamt sieben Kanarischen Inseln.

10 Erd- oder Schwelbrände.

11 Don Jorge de Mendoza entschied sich wohl für die Liebe und musste die Conquista in Amerika, an der er an der Seite seines Vetters Pedro teilnehmen sollte, dafür aufgeben: Er wurde zu einer Art „Aussteiger“ unter den Mendozas. An den La Plata- und Paraná-Expeditionen waren außer ihm und Pedro aber noch drei weitere Mendozas beteiligt: Antonio, Francisco und Gonzalo de Mendoza. Letzter wurde Gouverneur von Neu-Andalusien (der offiziellen Bezeichnung für diese Region) von 1556–58.

des anderen Tags wollten aufbrechen, war oben genannter Don Jorge Mendoza dieselbe Nacht um zwölf Uhr mit zwölf seiner getreuen Gesellen ans Land gekommen und brachte heimlich mit sich von der Insel Palma die erwähnte Bürgerstochter mit ihrer Magd, auch ihren Kleidern, Kleinodien und auch Geld, und kamen zu uns aufs Schiff, aber im Verborgenen., so dass weder unser Hauptmann Heinrich Peime noch sonst jemand auf dem Schiff darum wusste. Nur der, der auf der Wacht gestanden, hatte sie gesehen, denn es war um Mitternacht.

Und als wir morgens wollten aufbrechen und davon fahren und ungefähr zwei oder drei Meilen Wegs vom Land waren, da kam ein großer Sturmwind über uns. Da mussten wir wieder umkehren in eben denselben Hafen schiffen, woraus wir gefahren waren. Allda warfen wir unsere Anker ins Meer. Nun wollte unser Hauptmann Heinrich Peime in einem kleinen Schifflein, das man Boot oder Kahn nennt, ans Land fahren. Und als er hinaus fuhr und ans Land wollte steigen, waren allda am Land mehr denn dreißig gerüstete Mann mit Büchsen, Spießen und Hellebarten. Die wollten unsern Hauptmann Heinrich Peime fangen. Doch warnte ihn einer seiner Schiffsleut, er sollte nicht ans Land steigen, sondern wieder umkehren. Da eilte sich der Hauptmann wieder zu seinem Schiff zu kommen, doch konnte er dasselbe so bald nicht erreichen, denn es waren die vom Land zu nahe bei ihm in kleinen vorbereiteten Schifflein; doch entrann er ihnen auf ein anderes Schiff, das nahe beim Land gewesen. Und da sie ihn so bald nicht konnten fangen, ließen sie in der Stadt Palma von Stund an Sturm läuten; ließen auch zwei große Stück Geschütz laden, mit denen sie auf unser Schiff vier Schuss abgehen ließen, denn wir waren nicht weit vom Land. Auf den ersten Schuss schossen sie unsern irdenen Topf in Stücke, der hinten am Schiff voll frischen Wassers stand, darin bei fünf oder sechs Eimer Wasser passten; zum zweiten schossen sie den Mesana, das ist der hintere Segelbaum, auch in Stücke. Zum dritten schossen sie mitten in das Schiff und machten ein großes Loch darein und erschossen auch einen Mann im Schiff. Mit dem vierten Schuss aber trafen sie nicht.

Nun ward vorhanden ein anderer Hauptmann, dessen Schiff nahe bei uns an der Seite lag. Der wollte nun nach Neuhispanien oder Mexiko fahren. Derselbe war draußen am Land mit 150 Mann. Als er diesen Handel vernahm zwischen denen von der Stadt und uns, machte er einen Frieden zu machen, doch mit dem Bescheid, es sollten ihnen Don Jorge Mendoza samt der Bürgerstochter und ihrer Magd gewisslich zu Händen überstellt werden. Da nun der Statthalter und der Richter, auch unser Hauptmann und der gerade genannte Hauptmann auf unser Schiff kamen, wollten sie Don Jorge Mendoza samt seiner Buhlschaft gefangen nehmen. Doch er antwortete ihnen, sie wäre sein Eheweib, desgleichen sie sich auch nicht anders erzeige. Auf solches nun hat man sie alsbald verheiratet, der Vater aber war sehr traurig und bekümmert. Und unser Schiff war übel zugerichtet von den Schüssen. Danach ließen wir Don Jorge Mendoza samt seiner Hausfrau an Land, denn unser Hauptmann wollte ihn nicht mehr auf seinem Schiff haben.

Kapitel 3

Von Palma zu den Inseln Viridis oder Hesperiden

Danach ließen wir unser Schiff wieder zubereiten und fuhren zu einer Insel oder Land, das heißt mit Namen St. Jakob oder auf Spanisch Santiago. Die Stadt gehört zu dem König von Portugal.[12] Er unterhält diesen Hafen und ihm sind die Mohren untertänig. Diese Stadt liegt 300 Meilen von der genannten Insel Palma, von der wir losgefahren waren. Allda blieben wir fünf Tage und rüsteten unser Schiff wiederum mit frischem Proviant und Speise wie Brot, Fleisch und Wasser und was sonst der Bedarf auf dem Meer erfordert.

12 Vermutlich die portugiesischen Azoren, die aber keine Insel namens Santiago haben. St. Jakob oder Santiago ist die Stadt Santiago de Compostela in Galizien, die aber nie eine Insel war. Die Zuordnung dieser „portugiesischen Insel" bleibt daher unklar. Schmidel irrt vermutlich. Es kann nur die Stadt Santiago de Compostela gemeint sein. Die Insel der Viridis oder Hesperiden ist wiederum das spanische Lanzarote. Die Äpfel der Hesperiden (aus einem mythischen Garten auf Lanzarote) sollen laut der Mythologie der griechischen Antike Unsterblichkeit verleihen. Dieser alte Name Lanzarotes (Insel der Hesperiden), den Schmidel verwendet, ist heute in Vergessenheit geraten.

Kapitel 4

Von den Inseln Viridis nach Brasilia

Und war die ganze Flotte oder Armada der 14 Schiffe beieinander. Da wandten wir wiederum in die See oder aufs Meer und fuhren zwei Monat aneinander, und kamen endlich zu einer Insel, auf der nichts anders war als nur Vögel und deren sehr viel, dass wir sie mit Stöcken erschlagen mochten. Allda blieben wir drei Tage. Diese Insel, die sonst ohne alles Volk, ist sechs Meilen Wegs weit und breit und liegt von der oben genannten Insel Santiago, von der wir ausgefahren, eintausend fünfhundert Meilen entfernt.

In diesem Meer findet man fliegende Fisch, auch sonst andere große wunderbarliche Fische, Balenen oder Walfische, auch andere, die heißt man Schiffshalter. Diese haben am Kopf eine gar sehr große Scheiben, mit welcher dieser Fisch den andern im Streit sehr gefährlich und schädlich sein soll, und ist dies ein sehr großer und gewaltig böser Fisch. So findet man darinnen auch andere Fisch, die haben ein Messer von Fischbein, die nennet man in spanischer Sprach Pez espada, das heißt Schwertfisch. Item andere Fisch, die haben auf dem Rücken eine Säge von Fischbein, welches auch ein sehr großer Fisch ist und auf Spanisch genannt wird Pez sierra, also Sägefisch. Dazu kommen mancherlei andere, seltsame Fisch, deren Gestalt, Größe und Benehmen ich diesmal nicht beschreiben kann.

Kapitel 5

Vom Fluss oder Rio Janeiro

Von dieser Insel zogen wir nachmals zu einer andern, heißt Rio Genna, liegt 500 Meilen Wegs davon und gehört dem König von Portugal zu.[13] Das ist in Westindia und die Indianer heißen Tupis.[14] Allda waren wir bei vierzehn Tagen, als Don Pedro de Mendoza, unser oberster Hauptmann, befahl, dass Juan de Osorio als sein eingeschworener Kampfesbruder uns nun an seiner statt regieren sollt, denn er selbst war allzeit ganz gekrümmt, sehr schwach und krank.

Als aber dieser Juan de Osorio bald nach dem so übergebenen Regiment gegenüber Mendoza, seinem eingeschworenen Kampfesbruder, fälschlich angezeigt und verschwätzt wurde, als wollte er gegen ihn das Volk aufmüpfig machen, beorderte darauf der oft erwähnte Don Pedro de Mendoza vier andere Hauptleute mit Namen Juan de Ayolas, Juan de Salazar, Jorge Lujan und Lazarus de Salazar, das man den oben genannten Juan Osorio mit

13 Bereits die portugiesischen Entdecker haben die Bucht von Guanabara vor der heutigen brasilianischen Metropole Rio de Janeiro fälschlicherweise für einen großen Fluss gehalten. So tauften sie den Ort: „Fluss im Januar" – also der Fluss, der im Monat Januar 1501 erstmalig erblickt wurde. Schmidel liegt ebenfalls falsch und hält die Bucht für eine Insel.

14 Der Sprachstamm der Tupi-Guarani war in ganz Südamerika verbreitet. Es war die größte indigene Sprachfamilie. Sie reichte von der Atlantikküste Brasiliens (Bahia, Rio de Janeiro) bis in das nördliche Amazonas (Pará) und von dort bis in das Gebiet des heutigen Argentiniens, Uruguays und Paraguays.

Dolchen sollte totstechen und umbringen, und als einen Verräter mitten auf den Platz legen. Dazu hat er auch geboten und verkünden lassen, dass sich bei Verlust des Lebens keiner wegen des Osorio rühren sollte, da es ansonsten demselben, gleich was er wolle, auch nicht besser erginge.

Man hat ihm aber ganz und gar Unrecht getan, das weiß GOTT der Allmächtige, der sei ihm gnädig, denn er ist ein frommer, aufrichtiger und tapferer Kriegsmann gewesen und hat den Kriegsleuten nur Gutes getan.[15]

15 Über diesen Juan de Osorio ist wenig bekannt. Juan de Ayola und Juan de Salazar gründeten 1537 Asunción im heutigen Paraguay, wovon Schmidel später berichtet. Juan de Ayola wurde erster Gouverneur der Provinz Neu-Andalusien (1537–1539). So wurde dieses Gebiet in der Zeit des Kaisers Karl V. genannt.

Kapitel 6

Vom Rio della Plata, sonst auch Parana genannt

Von dannen sind wir ausgeschifft nach Rio della Plata und in ein süß fließend Wasser gekommen, genannt Parana[16] guazu.[17] Das ist weit an der Lücken, wo man das Meer liegen lässt, und ist 42 Meilen Wegs breit, und es ist von Rio Janeiro zu diesem Wasser 500 Meilen Wegs. Allda sind wir zu einem Hafen gekommen, der heißt St. Gabriel. Daselbst haben wir unsere Anker der 14 Schiffe in genanntes fließend Wasser Parana geworfen.

Nachdem wir aber mit den großen Schiffen auf einen Büchsenschuss weit vom Lande wegbleiben mussten, hat unser Oberster Don Pedro Mendoza geordert und verschafft, dass die Schiffsleut das Volk in den kleinen Schifflein, Boot oder Kahn genannt, die dazu schon verordnet waren, an das Land sollten führen. Sind also durch GOTTES Segen in Rio de la Plata ankommen anno 1535.

---

16 Der Fluss Paraná, der in Brasilien entspringt, mündet nach dem Zusammenschluss mit dem Rio Uruguay erst am Ende seines langen Weges in den Rio de la Plata im heutigen Argentinien. Schmidel verwechselt diese Relation als eine gleichnamige Bezeichnung, was irrtümlich ist.

17 *Guaçu* oder *Guazu* ist ein Suffix der Sprache Tupi mit der Bedeutung „groß" oder „riesig". *Paranáguaçu* ist also „der riesige [Fluss] Paraná". In der Tat umfasst sein Einzugsgebiet ohne den Rio de la Plata 2 582 672 km². Diese Dimension hat Schmidel sofort erkannt, auch wenn seine damalige Messung nicht überprüft werden konnte: *„42 Meilen Wegs breit"*.

Da haben wir einen indianischen Flecken gefunden, darinnen ungefähr 2000 Mannsbilder waren, Charruas[18] genannt. Die haben anders nichts zu essen denn Fisch und Fleisch. Diese haben, als wir dahin gekommen, den Flecken verlassen und mit ihren Weib und Kindern sich die Flucht begeben. Dies Volk geht gar nackt und bloß einher. Allein die Weiber, die tragen ihre Scham bedeckt mit einem kleinen baumwollenen Tüchlein, das ihnen vom Nabel bis auf die Knie gehet. Nun befahl unser Oberster Don Pedro Mendoza, dass man das Volk wiederum zum Schiff bringen und auf die andere Seiten des Wassers Parana führen sollte, allda der Fluss nicht breiter als acht Meilen Wegs ist.

---

18 Die Charruas siedelten östlich des Rio Paraná (heute Uruguay). Sie waren ein nomadisches Jägervolk, das keine sesshaften Dörfer gründete.

Kapitel 7

Von der Stadt Buenos Aires und den Querandis

Da nun haben wir eine Stadt gebaut, die hat gehießen Buenos Aires, das ist zu Teutsch Gute Winde.[19] Wir hatten aber auch auf den Schiffen 72 Pferd und Stuten mit aus Hispania gebracht. Auf diesem Land haben wir einen Flecken gefunden, darinnen auch indianisch Volk, Querandis[20] genannt, ungefähr 2000 Mann samt ihren Weibern und Kindern, welche wie die Charruas vom Nabel bis auf die Knie bekleidet sind.[21] Die haben uns Fisch und Fleisch zu essen gebracht. Diese Querandis haben keine eigne Wohnung, sondern ziehen im Land herum gleich wie bei uns die Zigeuner.[22] Wann sie zur Sommerzeit reisen, ziehen sie manchmal über 30 Meilen Wegs weit auf trockenem Land, dass sie keinen Tropfen Wassers zu trinken finden. Und so sie etwa über einen Hirschen oder anderes Gewild gekommen, trinken sie

---

19 Sie heißt heute immer noch so, ist die politische und kulturelle Hauptstadt von Argentinien und eine der größten und lebendigsten Metropolen der Welt.

20 Die Querandíes (auch Het genannt) bewohnten die westliche Hälfte des Rio Paraná (heute Argentinien). Sie waren, wie die Cherrua, nomadische Jägervölker der Pampa, die keine sesshafte Landwirtschaft praktizierten.

21 Hier widerspricht sich Schmidel selbst. Im 6. Kapitel beschreibt er die „Charruas“ so: *„Dieses Volk geht gar nackt und bloß einher.“*

22 Viele Indiovölker Südamerikas waren Halbnomaden. Der Grund für das zeitweilige Nomadentum war aber nicht wirtschaftlich. Sie wanderten auf der Suche nach einem verlorenen Paradies, *Yvi Maran Ei*, dem „Land ohne Übel“.

dessen Blut; finden auch bisweilen eine Wurzel, die heißt Cardes. Die essen sie für den Durst. Dass sie aber das Blut trinken, geschieht allein darum, weil sie gar kein Wasser noch sonst etwas zu trinken haben und sie sonst müssten gar vor Durst sterben.

Diese Querandis haben mit uns 14 Tag lang täglich ihre Armut an Fischen und Fleisch geteilt und ins Lager gebracht, und nur einen Tag, an welchem sie gar nicht zu uns gekommen, ausgesetzt. Da schickte unser Oberster Don Pedro Mendoza alsbald einen Richter, Juan Pavon genannt, samt zween Knechten zu ihnen, denn dieses Volk der Querandis hielt sich 4 Meilen Wegs von unserm Lager auf); die verhielten sich aber, als sie zu ihnen kamen, dermaßen, dass sie alle drei wohl verbläut und alsdann wieder heimgeschickt wurden.

Als aber unser Oberster Don Pedro Mendoza dessen nach Anzeigung des Richters inneward, welcher einen solchen Aufruhr im Lager anfing, schickte er seinen leiblichen Bruder Don Diego Mendoza mit 300 Landsknechten und 30 wohlgerüsteten Pferden, davon dann auch ich einer gewesen, gegen sie aus mit dem Befehl, die genannten indianische Querandis alle zu fangen und totzuschlagen und ihren Flecken einzunehmen. Als wir aber zu ihnen kamen, waren ihrer wohl bei 4000 Mann, denn sie hatten ihre Freund zusammen gerufen.[23]

23 Die Conquista der La Plata-Region wurde im Laufe der Zeit zu einer regelrechten Angelegenheit der Familie Mendoza.

Kapitel 8

Schlacht mit den indianischen Querandis

Da wir sie dann wollten angreifen, stellten sie sich dermaßen zur Wehr, dass wir denselben Tag genug mit ihnen zu schaffen hatten, wie sie dann auch unsern Hauptmann Don Diego Mendoza samt sechs Edelleuten umgebracht und von den Knechten zu Ross und zu Fuß ungefähr 20 tot geschlagen. Auf ihrer Seiten aber sind bei tausend Mann umkommen. Haben sich also gegen uns gar tapfer gewehrt, was wir gar wohl empfanden.

Diese Querandis haben zu ihrer Wehr Handbögen und Dardes, die sind gemacht als halbe Spieße und haben vorne dran eine Spitzen von Feuerstein gemacht wie ein Strahl. Sie haben auch Kugeln von einem Stein und daran eine lange Schnur; solche Kugeln werfen sie einem Pferd oder Hirschen um die Füß, dass es fallen muss. Sie haben unsern Hauptmann und die Edelleut auch mit solchen Kugeln umgebracht, welches ich selbst mit meinen Augen gesehen; die Fußknecht aber haben sie mit genannter Dardes erlegt.

Doch gab GOTT der Allmächtige die Gnad, dass wir obsiegten und ihren Flecken einnahmen; wir konnten aber dieser Indianer keinen fangen. Die hatten auch ihre Weib und Kind, ehe wir sie angegriffen, aus ihren Flecken flüchten lassen. Hier fanden wir nichts anders denn Kürschnerwerk von Nutria oder Fischottern, wie man es nennt, auch viel Fisch, desgleichen Fischmehl und Fischschmalz. Allda blieben wir drei Tag und zogen danach wieder in unser

Lager und ließen von unserem Volk im Flecken einhundert Mann; die sollten daselbst mit der Indianer Netzen fischen zum Unterhalt unseres Volks, da es dort sonderlich gut Fischwasser hatte.

Denn man gab einem den Tag nur sechs Lot Mehl von Korn zur Speis, und über den dritten Tag einen Fisch. Solche Fischerei währte zwei Monat lang, und wann einer sonst einen Fisch essen wollt, musste er die vier Meilen Wegs zu Fuß dahin gehen.

Carendies.

Cap. 8

Kapitel 9

Wie die Stadt Buenos Aires gebaut, und von der Hungersnot, an der wir gelitten

---

Als wir nun wieder in unser Lager kamen, teilte man das Volk voneinander; denn was zum Krieg tauglich war oder was zur Arbeit, dazu ward ein jedes gebraucht. Man baute daselbst eine Stadt und einen erdenen Wall, einen halben Spieß hoch, darum und darinnen ein stark Haus für unsern Obersten. Die Stadtmauer von Erde war drei Schuh breit, und was man heut gebaut, das fiel morgen wieder ein. Denn das Volk hatte nichts zu essen, litt sehr große Armut und starb vor Hunger. Auch kam es letztlich dazu, dass die Pferd nicht glücken oder gelingen wollten. Es verursachte auch solch große Armut und Hungersnot, dass weder Ratten noch Mäus, weder Schlangen noch anderes Ungeziefer genug vorhanden waren zur Sättigung dieses großen jämmerlichen Hungers und dieser unaussprechlichen Armut; auch die Schuhe und anderes Leder, es musste alles gegessen sein.

Es begab sich, dass drei Spanier ein Ross entführten und dasselbige heimlich aßen; und als man dessen inne ward, wurden sie gefangen und mit schwerer Pein befragt. Als sie nun solches bekannten, wurden sie zum Galgen verurteilt und gehenkt. In derselben Nacht gesellten sich drei andere Spanier zusammen, die sind kommen zu diesen dreien Gehenkten zum Galgen, haben ihnen die Schenkel vom Leib abgehaut und große Stück Fleisch aus ihnen geschnitten zu Ersättigung ihres großen Hungers. Item hatte auch ein Spanier seinen Bruder, der in der Stadt Buenos Aires gestorben war, aus übermäßigem Hunger gegessen.[24]

24 Eine der eindrucksvollsten Passagen in Schmidels Werk. Er beschreibt den faktischen Kannibalismus der Konquistadoren – aus bitterer Hungersnot.

Kapitel 10

Wie etliche den Fluss Parana oder Rio della Plata aufwärts fuhren

---

Nun sah unser oberster Hauptmann Don Pedro Mendoza und merkte, dass er an diesem Ort sein Volk nicht länger könnt erhalten. Da beorderte und kommandierte er seine Hauptleute, dass man aufs förderlichste zurüsten sollt kleine Schifflein, welche man Barketten nennt (da man sie rudern muss, und möchten in einem an die 40 Mann fahren), daneben noch andere drei, die kleiner sind und die man Boot oder Kahn genannt. Als nun solche sieben Schifflein fertig und zugerüstet waren, ließ unser oberster Hauptmann das Volk zusammenfordern und schickte Jorge Luchsam mit dreihundert und fünfzig gerüsteten Mann das Wasser Parana aufwärts, die Indianer zu suchen, damit wir zu Speis und Proviant kommen möchten. Als aber die Indianer unser gewahr wurden, konnten sie uns keine andere und größer Büberei antun, als dass sie Speis und Proviant, auch ihren Flecken verbrannten und zerstörten, und alle davonflohen. Damit hatten wir noch nichts zu essen. So gab man einem jeden den Tag nur drei Lot Brot als Biskotten.

Als nun auf dieser Reis der halbe Teil vor Hunger starb, mussten sie wieder umkehren zu genanntem Flecken, da unser oberster Hauptmann Don Pedro Mendoza war, welcher, als so wenig Volk wieder zurückkam und nur zwei Monat ausgewesen war, sich sehr verwunderte und derhalben von unserm Hauptmann Jorge Luchsam Bericht begehrte, wie es doch zugegangen. Darauf zeigte ihm dieser an, dass die Ausgebliebenen wären vor Hunger gestorben, denn die Indianer hätten alle Speis, wie oben aufs Kürzeste aufgezeigt, verbrannt und wären geflohen.

Buenas Aëres.

Cap 9
Plata
na.

Kapitel II

Wie die Stadt Buenos Aires von den Indianern belagert, bestürmt und ausgebrannt wird

---

Nach all diesem blieben wir noch einen Monat lang in der Stadt Buenos Aires beieinander in sehr großer Armut und warteten, bis man die Schiff zugerichtet hatte. In dieser Zeit kamen die Indianer mit großer Macht und Gewalt über uns und unsre Stadt Buenos Aires. Sie waren bis an die 23 000 Mann stark und befanden sich unter ihnen vier Völker, als da waren Querendis, Guaranis, Charrua[25] und Chanas-Timbus.[26] Dieser aller Meinung war, uns allesamt umzubringen. Aber Gott dem Allmächtigen sei Lob, Preis und Ehr gesagt, welcher den mehreren und größern Teil

25 Zu den Querendis und Cherruas s.o. Fußnoten 18 und 20. Die Guaranis, auch nach ihrer gemeinsamen Sprache Tupi-Guarani genannt, waren die dominierende Stammesgruppe im ganzen südamerikanischen Kontinent. Sie lebten teils nomadisch, teils sesshaft. Sie betrieben also Ackerbau für eine gewisse Zeit und wanderten dann nach einigen Jahren mit einem Teil des Stammes wieder fort, indem sie neue Untergruppen bildeten und sich so ausbreiteten. Ihre Ausdehnung reichte deshalb vom nördlichen Amazonasgebiet bis an die Atlantikküste und von dort wieder zurück bis in die Vorhut der Anden. Sie waren also über das riesige Territorium der heutigen Länder Brasilien, Uruguay, Argentinien, Bolivien und Paraguay verbreitet. Einer der Hauptgründe für ihre seltsamen Wanderungsbewegungen war ihre Religion und wurde in Fußnote 22 erläutert.

26 „Chana-Timbus“: wahrscheinlich eine Untergruppe der Tupi-Guarani-Völkerfamilie. S.u. Fußnoten 28 und 29, wo nur noch von den „Timbus“ (ohne „Chana“) die Rede ist. Der Name ihres Oberhaupts stammt nämlich aus der Sprache der Tupi-Guarani, was die Vermutung stützt.

von uns erhalten; denn mit Hauptleuten, Fähnrichen und anderem Kriegsvolk sind auf unserer Seiten nicht über 30 Mann umgekommen.

Als diese zuerst zu unserer Stadt Buenos Aires kamen und uns angriffen, liefen etliche derselben einen Sturmangriff, die andern schossen mit feurigen Pfeilen hinein auf unsre Häuser, welche – ausgenommen unsres obersten Hauptmanns, das allein mit Ziegeln versehen – alle mit Stroh gedeckt waren, und brannten also unsere Stadt und die Häuser darinnen zugrunde. Dieser Indianer Pfeil sind gemacht aus Rohr und sie zünden sie, wenn sie abgehen, vorne bei der Spitzen an. Auch haben sie Holz, daraus sie Pfeile machen, die, wenn sie angezündet und geschossen werden, nicht verlöschen, sondern zünden damit noch die Häuser aus Stroh an.

Dazu verbrannten uns auch diese Indianer vier große Schiff, welche auf eine halbe Meile Wegs von uns auf dem Wasser standen. Das Volk aber, das auf diesen Schiffen war und kein Geschütz hatte, floh, als sie solches Getümmel der Indianer sahen, aus diesen vieren auf andere drei Schiff, so nicht weit davon standen, darinnen Geschütz war. Und als sie die vier Schiff, so von den Indianern angezündet waren, brennen sahen, stellten sie sich zur Wehr und ließen das Geschütz auf die Indianer abgehen. Als solches die Indianer sahen und das Geschütz vernahmen, zogen sie alsbald davon und ließen die Christen in Frieden. Solches ist alles geschehen und vor sich gegangen am Johannistag anno 1535.[27]

27 Johannistag = am Tag des Apostels Johannes, d.h. am 24. Juni 1535.

Kapitel 12

Abfahrt aus Buenos Aires

Da nun solches alles ergangen war, musste alles Volk in die Schiff gehen, und unser oberster Hauptmann Don Pedro de Mendoza übergab das Volk, auch das ganze Regiment, dem Juan de Ayolas, dass er unser Hauptmann sollte sein und uns regieren. Er musterte das Volk und fand, dass von 2500 Mann, so ausgefahren, nicht mehr denn 560 noch am Leben und vorhanden waren. Die anderen alle waren abgestorben und meistenteils durch den großen Hunger umgekommen. Gott der Allmächtige sei ihnen und uns gnädig und barmherzig.

Hernach ließ unser Hauptmann Juan de Ayolas acht kleine Schifflein, Barketten und Boote förderlich zurichten und nahm darauf zu sich 400 Mann von den 560. Die andern 160 aber ließ er in den vier großen Schiffen, dass sie dieselben sollten verwahren, und ordnete denselben zu einem Hauptmann namens Juan Romero und gab ihnen aus für ein Jahr Proviant, dass man einem jeden Kriegsmann täglich sollte reichen acht Lot Brot oder Mehl. Wollte aber einer mehr essen, so mocht er's suchen.

Kapitel 13

Wie sie mit 400 Mann den Fluss Parana oder Rio della Plata aufwärts fahren

---

Juan de Ayolas, unser Leutnant, fuhr alsdann mit den 400 Mann, unter denen auch Don Pedro de Mendoza, unser oberster Hauptmann, war, auf den Barketten oder Wasserburgen den Fluss Parana aufwärts. Und nach zween Monaten kamen wir zu den Indianern, was 84 Meilen weit entfernt gewesen. Diese Völker heißen Timbus[28] und tragen an beiden Seiten der Nas ein kleines Sternlein, das ist gemacht aus weißem und blauem Stein. Es sind große Leut von geradem Wuchs, die Weibsbilder aber sind gar ungestalt, zugleich jung und alt, sind unter ihrem Gesicht zerkratzt und allzeit blütig. Dieses Volk isst nichts anderes, haben auch ihren Lebtag nichts anderes gegessen denn Fisch und Fleisch. Man schätzt dieses Volk auf 15 000 Mann oder mehr. Und als wir auf vier Meilen Wegs zu diesen Völkern kamen, da nahmen sie unser gewahr und fuhren uns in Friedensweise entgegen auf 400 Kanus oder Zillen (weil sie auf einer Insel wohnen), in deren jedem 16 Mann saßen. Eine solche Zille ist aus einem Baum gemacht und achtzig Schuh lang und drei Schuh breit, und man muss sie rudern wie die Fischer in Teutschland ihre Zillen. Allein die Ruder sind nicht mit Eisen beschlagen.

---

28 Untergruppe der Tupi-Guarani-Stammesgruppe (= Fußnote 29).

Bŭenas Aéres

Cap. 11

Cap. 13
TIEMBV
Parana fluuius.

B. Speranza.
Corp: Chr

Als wir nun auf dem Wasser zusammen kamen, da schenkte unser Hauptmann Juan de Ayolas dem obersten Indianer von diesen Timbus, welchen sie Chera guazu[29] nennen, ein Hemd, einen Rock, ein Paar Hosen und andere Sachen mehr. Darauf führte uns der genannte Chera guazu zu ihren Flecken und gab uns von Fischen und Fleisch zu essen überaus genug. Wenn aber diese oben genannte Reis noch zehn Tag länger gewähret hätt, hätten wir alle des Hungers sterben müssen, wie denn bereits auf jener Reis von den vierhundert Mann, so ausgefahren waren, 50 gestorben sind. Alsdann ist Gott der Allmächtige in unsere Mitten gekommen, dem sei Lob und Dank gesagt.

29 *Chera guazu* = *„der große Chera"*. *Guazu* ist ein Tupi-Suffix und heißt „groß". Der Name des Häuptlings ist ein starker Hinweis darauf, dass es sich bei den „Timbus" um eine Untergruppe der Tupi-Guarani handelte.

Kapitel 14

Don Pedro de Mendoza kehrt nach Hispanien zurück und stirbt dabei

---

In diesem Flecken sind wir vier ganze Jahr geblieben; aber unser oberster Hauptmann Don Pedro de Mendoza, welcher voller Gebrechen war und weder Händ noch Fuß rühren konnt und auf dieser Reis 4000 Dukaten an barem Geld aus seinem eigenen Gut verzehrt hatte, mochte bei uns in diesem Flecken nicht länger bleiben, sondern fuhr wieder mit zweien kleinen Barketten gen Buenos Aires zu den vier großen Schiffen, und nahm allda zwei große Schiff samt 50 Mann und fuhr mit denselben nach Hispanien. Aber als er ungefähr auf halbem Wege war, da griff ihn Gott der Allmächtige an, dass er armselig und elendiglich verstarb. Gott sei ihm gnädig.

Er hinterließ aber dieses, ehe er von uns abreiste: Sobald er oder die Schiff nach Hispanien kämen, dass sodann alsbald zwei andere nach Rio della Plata sollten geschickt werden, was er auch in seinem Testamente treulich verordnet hat und also geschehen ist. Da nämlich die zwei Schiff in Hispanien ankommen und solches der Kaiserlichen Majestät Räten zu wissen getan wurde, haben sie alsbald im Namen Ihrer Kaiserlichen Majestät zwei andere Schiff mit Volk, Speis und Kaufmannschaft, und was die der Bedarf erforderte, verordnet und versehen und alsbald nach Rio della Plata geschickt.

Kapitel 15

Alonzo Cabrero wird aus Hispanien nach Rio della Plata geschickt

---

Der Hauptmann dieser zween Schiff hat geheißen Alonzo Cabrero; der brachte mit sich bei 200 Spanier und auf zwei ganze Jahr Proviant; und ist angekommen in Buenos Aires, da die andern zwei Schiff verlassen warteten mit 160 Mann anno 1538. Als dann der Hauptmann Alonzo Cabrero gar in die Insel der Timbus zu unserm Hauptmann Juan de Ayolas gefahren kam, da beorderten sie alsbald ein Schiff und schickten dasselbe wieder in Hispanien gemäß dem Befehl und Begehr der Kaiserlichen Räte, welchen sie ordentlich vermeldeten, wie es allenthalben in diesem Land vor sich gehe und wie es stünde.

Nach all diesem hielt Juan de Ayolas, unser oberster Hauptmann, einen Rat mit Alonzo Cabrero und Martín Domingo de Ayola[30] und seinen andern Hauptleuten. Und es ward von ihnen beschlossen, dass man das Volk mustern sollte; da solches geschah, fand man aus den unseren und denen, die erst aus Hispania gekommen waren, zusammen 550 Mann. Davon nahmen sie 400 Mann zu sich, die anderen

---

30 Höchstwahrscheinlich der Bruder oder ein naher Verwandter des Stellvertreters von Pedro de Mendoza und ersten Gouverneurs von Asunción, Juan de Ayola. Die Conquista war häufig (wie bei den Mendozas bereits gesehen) eine Familienangelegenheit. Dem Herausgeber ist über Martin Domingo de Ayola jedoch nichts Näheres bekannt.

150 ließen sie bei den Timbus, denn sie alle mitzunehmen hatte man nicht Schiff genug. Diesen 150 Mann ordneten sie einen Hauptmann zu, welcher über sie herrschen sollte. Der hieß Carlos Dubrin und war seinerzeit der Kaiserlichen Majestät Kammerbuben einer gewesen.

Kapitel 16

Den Fluss Parana hinauf zu den Corondas

Danach fuhren wir nach dem Beschluss der Hauptleut mit den 400 Mann auf acht Barketten den Fluss Parana aufwärts, um ein anderes fließend Gewässer (so uns angezeigt war) zu suchen, Paraguay genannt, an dem die Carios[31] wohnen. Denn die haben türkisches Korn, Obst und eine Wurzel Maniok. Und auch haben sie eine andere Wurzel, die sie Kartoffel nennen, und die süße Maniok und die rote Manioka.[32] Die Wurzel Kartoffel gleicht einem Apfel, hat auch dessen Geschmack, die süße Maniok hat einen Geschmack wie Käse, und aus der roten Maniok machen sie einen Wein, den die Indianer trinken.[33] Diese Carios haben auch viel Fisch, Fleisch, Schafe so groß wie ein Maulesel, auch Hirschen, Schweine, Straußen, Hühner und gar viel Gäns.

Also zogen wir von Bona speranza aus mit oben genannten acht Barketten und kamen den ersten Tag vier Meilen Wegs

---

31 Die „Carios“ sind die „Carijós“, die Bezeichnung für die brasilianische Untergruppe der Guaranis.

32 *Maniok* oder *aipim* war die Hauptnahrung der Guaranis/Carijós und hatte auch religiöse Bedeutung in der Mythologie der Guarani als Ursprung der Welt und Zutat bei der Zubereitung des religiösen Rauschgetränks *Cauim*. Die *„süße Manioka“* ist die Süßkartoffel bzw. die brasilianische *„batata doce“*.

33 Mit *„Wein“* ist das religiöse Rauschgetränk *Cauim* aus Maniok gemeint, das nur beim Festmahl zubereitet und gemeinschaftlich getrunken wurde.

zu einem Volk mit Namen Corondas.[34] Die nähren sich von Fisch und Fleisch, und ist diese Insel gen 12 000 Mann stark, die alle zum Krieg zu gebrauchen sind; hatten überaus viel Kanus oder Zillen. Dieses Volk ist den früheren Timbus gleich, mit Sternlein auf der Nasen, und die Mannsbilder fast von gerader Statur, item die Weiber, jung und alt, sehr hässlich, zerkratzt und allzeit blütig unter dem Gesicht und auch nicht anders gekleidet als die Timbus, nämlich mit einem baumwollenen Tüchlein vom Nabel bis auf die Knie bedeckt, wie oben berichtet. Und haben diese Indianer viel Kürschnerwerk vom Otter, item viel von den Kanus oder Zillen. Die Corondas teilten mit uns ihre Armut, also Fisch, Fleisch und Kürschnerwerk; wir gaben ihnen Gläser, Paternoster, Spiegel, Kämme, Messer und Fischangeln, und blieben bei ihnen zween Tage. Da gaben sie uns zwei Carios zu, die ihre Gefangenen gewesen. Die sollten uns den Weg zeigen und der Sprache halber behilflich sein.

---

34 Die „Corondas“ sind laut Schmidel den Timbus ähnlich. Also waren sie wohl auch – wie die meisten Völker dieser Region – eine Untergruppe der Guaranis.

Kapitel 17

Bei den Calchaquis

Danach zogen wir weiter zu einem Volk, die heißen Calchaquis.[35] Diese sind bei 40 000 streitbarer Mann stark. Sie nähren sich von Fisch und Fleisch, haben auch zwei Sternlein an den Nasen; liegen dreißig Meilen von der Insel Corondas weg, haben aber mit denselben und den Timbus eine gleiche Sprache.[36] Sie wohnen in einem See, der sechs Meilen lang und vier Meilen breit ist. Der liegt an der linken Seite des Flusses Parana. Wir blieben vier Tag bei ihnen, und diese Leut teilten mit uns ihre Armut, desgleichen wir auch mit ihnen.[37]

Von dannen aus fuhren wir ganze achtzehn Tage, indem wir kein Volk mehr fanden. Danach fanden wir ein Wasser, das landeinwärts ging. Dort fanden wir sehr viel

---

35 Die „Calchaquies" (auch „Dieguita-Calchaquies" genannt) hatten eine den peruanischen Inkas ähnliche Kultur und bauten – wie jene – dauerhafte Befestigungsanlagen, um sich vor Invasoren zu schützen. Die imposante Befestigungsanlage von Quilmes, eine der wichtigsten touristischen Attraktionen Argentiniens, ist ein beredter Beleg dafür.

36 Ulrich Schmidel bestätigt feinfühlig, dass sie alle *„eine gleiche Sprache"* sprachen. Ohne jeden Zweifel handelte es sich bei fast allen Indianervölkern, denen Schmidel begegnete, um tupi-guarani-sprachige Stämme, auch wenn nicht alle eindeutig identifiziert werden können.

37 Diese Passage des friedlichen Miteinanders zeigt eindrucksvoll – im Gegensatz zu den kriegerischen Auseinandersetzungen zuvor –, dass das Verhältnis zwischen Einheimischen und Eindringlingen stets gespalten blieb. Mal wurde *„die Armut geteilt"*, mal brachte man sich gegenseitig hasserfüllt um.

Volks beieinander, die nennt man Macurendas.[38] Die haben nichts anders zu essen denn Fisch und ein wenig Fleisch; sie sind um die 18 000 streitbare Mann stark und haben sehr viel Kanus oder Zillen. Die haben uns auf ihre Art wohl empfangen und ihre Armut mit uns geteilt; und wohnen diese auf der andern Seiten des Parana, das ist zur rechten Hand; haben eine andere Sprach, auch zwei Sternlein an der Nasen, sind gerad und wohlgestalt am Leib, ihre Weiber aber auch sehr hässlich und wohnen diese von den Calchaquis 64 Meilen weg.

Und als wir bei ihnen vier Tag lang waren, fanden wir in etwa am Land liegen eine sehr gewaltig große und ungeheure Schlangen, die war 25 Schuh lang und so dick als wie ein Mann, an Farb' schwarz und gelb gesprenkelt. Die erschossen wir mit einer Büchsen. Als solches die Indianer sahen, verwunderten sie sich sehr ob dieser Schlangen, da sie zuvor hatten keine so große gesehen.

Diese Schlang hat den Indianern, wie sie uns angezeigt, sehr großen Schaden getan. Nämlich wenn sie im Wasser gebadet, so hat die Schlang sie im Bad gefunden, ihren Schwanz um den Menschen geschlagen und unter das Wasser gezogen, ihn hernach gegessen, dass sie oftmals nicht gewusst, wo so mancher hinkommen war. Diese Schlangen habe ich selbst der Länge und Dicke nach mit Fleiß abgemessen, dass ich dies wohl weiß. Die Indianer haben sie hernach geschlachtet, haben sie gesotten und gebraten und in ihren Häusern gegessen.[39]

---

38 Ausnahmsweise nicht tupi-sprachig, da Schmidel den Unterschied zu den meisten anderen ausdrücklich bemerkt: „*haben eine andere Sprach*".

39 Vermutlich die „*boa constrictor*" bzw. „Würgeschlange" („Anaconda").

Cap: 17.

Macuerendas

Kapitel 18

Bei den Chanas, den Machuredeis und den Mapenis

Von dannen zogen wir abermals vier Tagesreis weiter den Parana aufwärts und kamen zu einem Volk, das heißt Chanas. Es sind kurze und dicke Leut und haben anders nichts zu essen denn Fleisch, Fisch und Honig. Diese Leut, zugleich Mann und Frau, jung und alt, wandeln nackend wie vom Mutterleib, als wie sie auf die Welt erschaffen und geboren werden, also dass sie nicht einen einzigen Faden, noch was anders an ihrem Leib oder zur Bedeckung ihrer Scham tragen oder gebrauchen. Dieses Volk führt Krieg gegen die Machuredeis. Ihr Fleisch ist Hirschen und wilde Schwein, Straußen und Karnickel, die sehen aus wie eben die Ratzen bei uns, bis auf den Schwanz.

Dies Volk wohnt 18 Meilen von den Machredeis. Diese Reis haben wir in vier Tagen verrichtet, sind aber nur eine Nacht bei ihnen geblieben, denn sie hatten selbst nichts zu essen; und dies Volk gleicht bei uns den Straßenräubern. Sie wohnen sonst wohl zwanzig Meilen weg vom Wasser, auf dass sie von ihren Feinden desto weniger überfallen werden. Diesmal aber waren sie fünf Tage vor uns beim Wasser angelangt, in der Meinung, dass die da zu fischen hätten und die Machuredeis zu bekriegen, und erwiesen sich um die 2000 Mann stark.

Von dannen zogen wir weiter und kamen zu einem Volk, das heißt Mepenis; die sind um die 100 000 Mann stark und wohnen allenthalben in einem Land, das um die vierzig

Meilen Wegs lang und breit ist. Vermögen auch zu Wasser und zu Land in zween Tagen alle zusammenzukommen. Sie haben mehr Kanus oder Zillen als irgendein Volk, die wir bis zu ihnen gesehen, und es mögen in einem solchen Kanu oder Zille bis um die 20 Personen fahren.

Dies Volk empfing uns auf dem Wasser kriegerisch mit fünfhundert Zillen. Sie haben aber nicht viel an uns gewonnen, denn wir haben ihrer viel mit unsern Büchsen erlegt. Denn sie hatten zuvor noch keine Büchse oder einen Christen gesehen. Als wir aber zu ihren Häusern kamen, mochten wir ihnen nichts abgewinnen. Denn es war bei einer Meile Wegs von dem Gewässer Parana, allda wir unsere Schiff hatten. Es war bei ihren Flecken ringsum sehr tiefes Wasser von dem See, dass wir also nichts wider sie konnten ausrichten. Nur zween Kanus oder Zillen fanden wir, die haben wir gebrennet und zerstört. Auch dürften wir nicht zu weit von unsern Schiffen, dieweil wir uns zu sorgen hatten, sie mochten dieselben auf der anderen Seiten angreifen. So wandten wir uns wiederum zu unsern Schiffen. Denn ihr Krieg ist immer auf dem Wasser. Zu diesen Mapenis ist es von zuvor genanntem Volk, den Machredeis, von wo wir abgefahren, 95 Meilen Wegs.

Kapitel 19

Der Fluss Paraguay und die Völker Curomobas und Agaze

Wir fuhren von da in acht Tagen zu einem fließenden Gewässer mit Namen Paraguay.[40] Diesen Fluss zogen wir aufwärts. Da fanden wir sehr viel Volks, die heißen Curomoba, die haben anders nichts zu essen denn Fisch und Fleisch, haben auch Johannesbrot oder Bockshörnlein, daraus sie auch Wein machen. Dieses Volk erbot sich gar wohl gegen uns und teilte uns allen Bedarf mit. Sie sind lange und große Leut zugleich Mann und Frauen. Die Mannsbilder haben ein Löchlein auf der Nasen, worein sie zur Zier eine Papageienfeder stecken. Die Weibsbilder aber haben lange blaue gemalte Striche unter dem Gesicht, die bleiben ihnen ihr Lebtag. Ihre Scham ist mit einem baumwollenen Tüchlein von dem Nabel bis an die Knie bedeckt. Und ist von den genannten Mepenis bis zu diesen Curomobas 40 Meilen Wegs. Wir blieben drei Tag bei ihnen.

Nach diesem kamen wir zu einem andern Volk mit Namen Agaze, deren Speis ist auch Fisch und Fleisch, item sind Manns- und Weibsbilder lange und gerade Leut, die Weiber sind auch wie die vorigen am Gesicht gemalt und haben gleichergestalt wie die vorigen die Scham bedeckt.

---

40 Der Fluss Paraguay trägt immer noch diesen Namen. Er entspringt in Brasilien als ein Unterarm des Paraná, ist ca. 2549 km lang, durchkreuzt den gleichnamigen Staat Paraguay und mündet im heutigen Argentinien.

Als wir zu ihnen kamen, stellten sie sich zur Wehr und begehrten wider uns Krieg zu führen, wollten uns auch nicht fortpassieren lassen. Als wir nun solches vernahmen und da kein Mittel inzwischen helfen wollt, befahlen wir die Sache Gott dem Allmächtigen, machten unsere Schlachtordnung zu Wasser und zu Land, schlugen uns mit ihnen und brachten von diesen Agazes sehr viel um; wurden auch der unsrigen von ihnen 15 Mann erlegt, Gottes Gnad sei ihnen allesamt. Diese Agaze sind die trefflichsten Kriegsleut, die auf dem Wasser mögen gefunden werden. Aber zu Land sind sie nicht dergleichen. Ehe sie aber mit uns zu streiten anfingen, hatten sie zuvor ihre Weiber und Kinder flüchten lassen, desgleichen Speis und andere Dinge verborgen, so dass wir nichts von ihnen erlangen oder ihnen abgewinnen mochten. Wie es ihnen aber letztlich ergangen, werdet ihr bald nachher hören und vernehmen. Ihr Flecken ist bei einem fließend Gewässer Jpyta genannt, er liegt auf der anderen Seiten des Paraguay, und kommt dasselbe Wasser aus den Bergen von Peru von einer Stadt, die heißt Tucuman.[41] Zu den Agazen ist es von den oben genannten Curomobas 35 Meilen Wegs.

41 Angeblich stammt der Name *Tucuman* (heute eine Provinz Argentiniens) von einem Wort aus der Sprache der Inka, *Kechua*, nämlich *Yucuman,* ab. Dies bedeutet *„Ort, wo die Flüsse entspringen"* und bestätigt hier Schmidels geografische Feststellung.

Kapitel 20

Die Stämme Carios

Danach mussten wir die Agazen verlassen und kamen zu einem Volk, das heißt Carios.[42] Es liegt 50 Meilen Wegs von den Agazen.

Da gab Gott der Allmächtige seinen göttlichen Segen, dass wir bei ihnen fanden – wie uns war angezeigt – vom türkischen Korn oder Mais; ferner den Maniok, die Kartoffel, den roten und den süßen Maniok, auch die Erdnuss und die Bocajapalmem dazu auch Fisch und Fleisch, Hirschen, Wildschwein, Straußen, indianische Schafe, Karnickel, Hühner und Gäns. Und sie haben den Honig, daraus man den Wein macht, überaus reichlich; item ist auch sehr viel Baumwolle im Land.

Diese Carios haben ein weites Land, ungefähr 300 Meilen Wegs weit und breit. Es seid kurze, dicke Leut und mögen von andern wohl etwas erleiden. Die Mannsbilder haben in den Lippen ein kleines Löchlein, worein sie einen gelben Kristallen stecken, in ihrer Sprache Parabol genannt, der zweier Spannen lang und in der Dicken wie ein Federkiel ist. Dies Volk, Mann und Weib, jung und alt gehen alle nackend vom Mutterleibe wie sie Gott in die Welt erschaffen hat.

Unter diesen Indianern verkauft der Vater seine Tochter, item der Mann sein Weib. Es verkauft oder vertauscht auch

42 *Carijós* oder *Guaranis*. Siehe auch die Besprechung dieses interessanten Kapitels in der Einleitung.

wohl ein Bruder seine Schwester. Es kostet ein Weibsbild etwa ein Hemd, ein Brotmesser, eine kleine Hacke oder anderes dergleichen Art. Diese Carios essen auch Menschenfleisch, so sie es haben können. Nämlich wenn sie Krieg führen und jemand fangen, es sei ein Mann oder ein Weib, jung oder alt, so mästen sie dieselben wie bei uns in Teutschland die Schweine. So aber das Weibsbild jung und schön ist, so behält er's ein Jahr oder etliche. Wenn es aber in solcher Zeit nicht nach seinem Gefallen lebt, schlägt er es tot, und isst's und hält damit ein großes Festbankett, wie hernach bei uns die Hochzeiten gehalten werden. Eine alte Person aber lässt man arbeiten im Feld, bis in den Tod. Dieses Volk Carios reiset weiter und mehr als jeder Stamm des ganzen Landes Rio della Plata. Sie geben treffliche Kriegsleut zu Wasser und zu Land ab, ihre Flecken oder Städte sind stets auf hohem Land an dem Fluss Paraguay.[43]

43 Der festliche Kannibalismus der *Carijós/Guaranis* an Kriegsgefangenen, ihr Brauch, Verwandte zu „verkaufen", ihre kriegerische Gesinnung sowie das halbnomadische Leben als Wandervolk werden auch von vielen anderen Zeitgenossen Schmidels, z. B. auch von vielen Jesuitenmissionaren, mit ähnlichen Worten beschrieben. Schmidel zeigt sich über den wichtigsten Stamm der Region überraschend gut informiert, während er für kleinere Völker nur Allgemeinplätze verwendet.

Cap. 20

Kapitel 21

Wie die Stadt Lambare belagert und erobert worden ist

Und dieser Flecken hat vor Zeiten auf indianisch Lambare[44] geheißen, und ist mit zwei Palisaden von Holz ringsherum umgeben, und ist jeder Stamm so dick wie ein Mann, und die eine Palisade ist von der andern zwölf Schritt, die Hölzer sind ein Klafter tief unter die Erden gebracht und eingegraben und über der Erden ungefähr so hoch, als man mit einem Rapier reichen mag. Sie haben auch Schanzgräben gehabt und 15 Schritt von ihren Stadtmauern tiefe Gruben um die drei Mann hoch. Darinnen ist in der Mitte ein Spieß von hartem Holz gemacht, der doch nicht die Erden überragt, und oben wie eine Nadel scharf zugespitzt. Solche Gruben haben sie mit Stroh zugedeckt, kleine Reislein darüber gelegt, und ein wenig Erde und Gras darauf geschüttet, damit wir Christen, wenn wir ihnen nachlaufen würden oder ihre Stadt erstürmen wollten, in diese Gruben fielen. Sie haben aber solche Gruben sich selbst gebaut, denn sie sind letztlich selbst hineingefallen. Als nämlich unser oberster Hauptmann Don Juan de Ayola all unser Volk, das nicht viel über 300 Mann gewesen (da er 60 Mann in unseren vier Barketten zu deren Verwahrung gelassen) beorderte und wir damit in guter Ordnung und Rüstung gegen ihre Stadt Lambare zogen, nahmen sie uns auf einen guten Büchsenschuss wahr

---

44 Im Kapitel 22 nennt Schmidel die Stadt Lambare auch „*Nuestra Señora de Asunción*", erbaut 1536/1537 von Juan de Ayolas Expedition, an der Schmidel selbst teilnahm.

mit ihrem Volk, welches an die 40 000 Mann stark gewesen in ihrer Rüstung und Wehr, als da wären Bogen und Pfeil. Sie entboten uns, wir sollten uns wieder zu unseren Schiffen wenden und zurückgehen. Dann wollten sie uns mit Proviant und anderem Bedarf versehen, damit wir in Frieden aufs förderlichste zurück und davonfahren möchten. So nicht, dann wollten sie unser Feind sein. Aber solches ihr Anerbieten war weder unserem Hauptmann noch uns angenehm und gelegen. Denn Land und Volk standen uns auch sehr wohl an mitsamt der Speise, besonders weil wir in den vergangenen vier Jahren keinen Bissen Brot gegessen noch gesehen hatten, und uns nur mit Fischen und Fleisch haben behelfen müssen, und auch daran oft großen Mangel gelitten.

Da nahmen diese Carios ihre Bögen und Wehren, empfingen uns damit und hießen uns also willkommen. So wollten wir ihnen erst nichts tun und ließen ihnen anzeigen, sie sollten Frieden halten, wir wollten ihre Freunde sein. Aber sie wollten sich nicht darum kehren, denn sie hatten unsre Büchsen und Wehren noch nicht gekostet. Und als wir etwas nahe bei ihnen waren, ließen wir unser Geschütz gegen sie abgehen. Da sie solches hörten und sahen, dass viel Volks zur Erden fiel, und sie doch keine Kugel oder Pfeil, als allein ein Loch im Leib sehen konnten, nahm es sie sehr wunder; sie erschraken darob und begaben sich alsbald sämtlich in die Flucht und fielen übereinander her wie die Hund. Und indem sie also zu ihrem Flecken eilten, da fielen ihrer in solchem Gezappel bei 200 Mann in die zuvor erwähnten Gruben.[45]

---

45 Einige Amerikanisten erklären die kriegerische Überlegenheit der Konquistadoren mit der sog. „*guns and germs*“-Theorie: also mit dem Besitz von Feuerwaffen („*guns*“) und mit dem Einschleppen

Danach kamen wir Christen zu ihrem Flecken und griffen den an, aber sie wehrten sich so viel ihnen möglich war bis an den dritten Tag. Als sie aber nicht weiter standhalten mochten, auch sorgten sie sich um ihre Weib und Kinder, die sie noch in der Stadt bei sich hatten, begehrten sie Gnade von uns mit dem Versprechen, sie wollten durchaus nach unserm Willen leben, wir sollten ihnen allein das Leben fristen. Sie brachten auch unserm Hauptmann Ayolas sechs Frauen, darunter die ältesten bei 18 Jahren gewesen. Sie präsentierten ihm auch sechs Hirschen und ander Wildbret mehr. Sie baten uns auch bei ihnen zu bleiben und stellten jedem Kriegsmann zween Frauen zu, zum Waschen und Kochen. Auch gaben sie uns Speis und was uns sonst zur Nahrung von Nöten war. So ward damit zwischen uns und ihnen Friede gemacht.

---

unbekannter Krankheitserreger („*germs*"). Diese Faktoren machten den entscheidenden Unterschied. Diese Passage Schmidels bestätigt die Wirkung unbekannter Feuerwaffen auf die *Carijós*, die trotz Überzahl am Ende verlieren.

Kapitel 22

Zu Lambare wird eine Festung gebaut und Asuncion gehießen

Nach dem mussten die Carios uns ein groß Haus bauen aus Stein, Erde und Holz, damit, ob es sich etwa mit der Zeit begebe, dass sie einen Aufruhr wider die Christen fürnehmen möchten, dieselben eine Beschützung hätten und sich wider sie wehren möchten. Diesen Flecken und Stadt haben wir am Tag Nostra Signora de Asumption gewonnen anno 1536, und heißt noch dessentwegen Asuncion, wie ihre Stadt noch immer genannt.[46]

In diesem Scharmützel fielen auf unserer Seite 16 Mann. Allda blieben wir zwei Monat lang. Zu diesen Carios ist es von den Agazes 30 Meilen und von der Insel Bona speranza, wo die Timbus wohnen, ungefähr 335 Meilen Wegs.

Also machten wir mit diesen Carios einen Kontrakt, dass sie uns versprachen und bewilligten, mit uns Krieg zu führen und uns mit 800 Mann beizustehen wider die vorgenannten Agazes. Da nun unser oberster Hauptmann solches alles beschlossen hatte, nahm er 300 Spanier und diese Carios, und wir zogen das Gewässer Paraguay abwärts und danach zu Land die dreißig Meilen bis wir kamen, wo die oben ge-

---

46 „*Nuestra Señora Santa Maria de la Asunción*“ („Mariä Himmelfahrt“) wurde 1536 von Juan de Ayola, dem Kommandanten Schmidels als Nachfolger Pedro de Mendozas, als Festung gegen die *Guaranis* errichtet. Am 16. September 1541 wird der städtische Status anerkannt. Heute ist sie die Hauptstadt Paraguays mit ca 1,9 Mio. Einwohnern.

21. Cap:

Lampere.
PARABOL: FLVS.

nannten Agazen wohnen, von denen auf dem fünfzehnten Blatt dieses Buches gehört worden, in welcher Form sie uns traktierten. Also fanden wir sie am vorigen Platz, wo wir sie gelassen, und überfielen sie unversehener Ding in ihren Häusern, als sie noch schliefen des Morgens früh zwischen drei und vier Uhr, denn die Carios hatten's ausgespäht. Da schlugen wir alle Menschen, jung und alt, zu Tode, denn die Carios haben's im Brauch, wann sie kriegen und obsiegen, so muss alles daran glauben. Sie haben kein Erbarmen mit dem Volk.[47]

Demnach nahmen wir bis um die 500 Kanus oder Zillen und verbrannten alle Flecken, die wir fanden, und taten großen Schaden. Über vier Monat kamen etliche Agazes, denn sie waren nicht daheim oder im Scharmützel gewesen, und begehrten Gnad. Da musste sie unser Hauptmann begnadigen nach der Kaiserlichen Majestät Befehl, dass man jeden Indianer bis zum dritten Mal sollte begnadigen. Wäre aber die Sach, dass einer zum dritten Male friedbrüchig würde, so sollte derselbe sein Leben lang ein Sklave oder Gefangener sein.

47 Im Zuge der Gründung von Asunción del Paraguay berichtet Schmidel von einer wirksamen kriegspolitischen Allianz zwischen den Europäern und den Guaranis, um das Volk der „Agaze" zu überfallen. Neben Feuerwaffen und Krankheiten spielte natürlich die Ausnutzung lokaler Feindschaften zwischen den Indianervölkern durch die Europäer eine weitere, nicht zu unterschätzende Rolle bei ihrer Eroberung des amerikanischen Kontinents.

Kapitel 23

In Asuncion

Danach blieben wir noch sechs Monat lang in der Stadt Nostra Signora de Asuncion und ruhten solche Zeit über. Also ließ unser Hauptmann Don Ayolas diese Carios fragen nach einem Volk, das heißt Paraguay. Da antworten sie, es wäre von dieser Stadt Asuncion bis zu diesen Paraguays hundert Meilen Wegs und läge am Flusse Paraguay aufwärts. Darauf ließ er sie weiter fragen, ob diese Paraguays auch Proviant hätten und wovon sie sich nährten, was es für ein Volk und was ihr Mangel wäre. Darauf sagten sie ihm, diese Paraguays hätten kein andern Proviant denn Fisch und Fleisch, item Bockshörnlein oder Johannisbrot, Algarroba genannt, aus welchem sie Mehl machen und essen dasselbe zu den Fischen. Sie machen auch Wein daraus, der ist gar süß, gleich wie bei uns der Met.

Als nun unser oberster Don Ayolas solchen Bericht von den Carios vernommen, befahl er ihnen, fünf Schiff mit türkischem Korn zu beladen, auch mit anderem dazu gehörigen Bedarf zu versehen und zuzurüsten, was im Land der Brauch ist, dass solches in zween Monaten geschehe. So wollte er sich in der Zeit mit den seinen auch zurüsten und wollte erst die Paraguays, hernach aber ein anderes Volk, Charchares genannt, überfallen. Auf solches erboten sich die Carios, allezeit willig und gehorsam zu sein und des Hauptmanns Mandate in allen Punkten treulich zu halten und nachzukommen. So verfuhr auch unser Hauptmann mit den Schiffleuten, dass sie die Schiff allenthalben staffieren und zurüsten sollten, damit diese Reis desto glücklicher zu verbringen sei.

Als nun solches alles beordert und verfertigt, die Schiff geladen, mit Proviant und allem Benötigten versehen waren, ließ unser Hauptmann das Volk zusammenrufen und nahm aus unsern 400 Mann 300, die dazu am besten gerüstet waren. Die andern hundert ließ er in genannter Stadt Asuncion, allda die erwähnten Carios wohnen. Zogen sodann das Gewässer abwärts und fanden allemal über fünf Meilen Wegs einen Flecken am Flusse Paraguay gelegen, deren Innewohner uns Christen allen Bedarf von Proviant wie Fisch und Fleisch, Hühner, Gäns, indianische Schaf und Straußen zubrachten. Als wir nun zum letzten Flecken, den Carios zugehörig, kamen, welcher Guayvianho heißt und achtzig Meilen von der Stadt Nostra Signora de Asuncion gelegen ist, nahmen wir von demselben Proviant und andere Sachen, was wir nach Erfordernis bei ihnen bekommen mochten.

Kapitel 24

Vom San Fernando-Berg und von den Baiembos

Von dannen kamen wir zu einem Berg, den hießen wir St. Fernando, der sieht dem Bogenberg bei Straubing gleich. Allda fanden wir die oben genannten Baiembos, welches von Guayvianho zwölf Meilen Wegs ist. Die kamen uns auf Friedensweise entgegen, empfingen uns aber mit falschem Herzen, wie ihr's hernach vernehmen werdet. Sie geleiteten uns in ihre Häuser, gaben uns Fisch und Fleisch und Bockshörnlein oder Johannisbrot zu essen. Also blieben wir neun Tage bei ihnen. Danach ließ unser Hauptmann ihren Obersten fragen, ob sie nichts wüssten von einem Volk, das Caracas heißt. Darauf antwortet er: sie wüssten nicht mehr, als sie ungefähr gehöret von einem solchen Volk zu reden. Es sollte auch dieselbe sehr weit von ihnen im Lande liegen, sollten auch viel Gold und Silber haben. Sie hätten aber ihrerseits davon noch nichts gesehen, und sagten uns noch ferner, dass diese Caracas sehr weise Leute wären gleich wie wir Christen, und viel zu essen hätten wie türkisch Korn, Maniok, Kartoffel und andere Gewürz und Wurzel mehr, item Fleisch von den indianischen Schafen von den Anden, welches Tier wie ein Esel aussehe, nur hat es Füße wie eine Kuh und eine dicke grobe Haut; item von Hirschen, Karnickeln, Gänsen und Hühnern sehr viel. Aber keiner von diesen Baiembos habe solches Erzählte jemals gesehen, sondern vermeldeten, sie hätten solches allein vom Hörensagen. Wir haben aber hernach erfahren, wie die Sache eigentlich gewesen.

Auf solches begehrte unser oberster Hauptmann etliche Baiembos, dass sie mit ihm in dasselbe Land zögen. Dazu waren sie willig und verordnete alsbald ihr Oberster 300 von ihnen, die mitzogen und die Speis trugen und anderen Bedarf. Und gebot unser Hauptmann, dass sich dieses Volk rüste, denn er wollte in vier Tagen wiederum aufbrechen. Ließ danach von den fünf Schiffen drei zerschlagen, und auf die zwei anderen schaffte er 50 Mann von uns Christen, dass wir in seiner Abwesenheit vier Monat lang allda warten sollten. Wann er aber in solcher Zeit nicht wieder zurück zu uns käme, so sollten wir mit diesen zwei Schiffen wiederum nach der Stadt Asuncion ziehen.

Es trug sich aber zu, dass wir allda bei diesen Baiembos sechs Monate lang verblieben. Hörten aber inzwischen durchaus nichts von unserm Hauptmann Juan de Ayolas, hatten auch kein Proviant mehr und mussten derhalben mit unserm bestellten Hauptmann Martin Domingo de Ayola wieder zurück nach erstgenannter Stadt Asuncion fahren, was uns, wie vorhin gesagt, von unserm obersten Hauptmann befohlen war.

Kapitel 25

Der Oberste Juan de Ayolas zieht zu Land gen Naperus und Baiembos, zieht sich wieder zurück und wird mit allen Christen erschlagen

---

Wie aber unser oberster Hauptmann Don Juan de Ayolas diese Reis vollbracht und wie es ihm in solcher ergangen, folget hernach in Kürze: Als er von genannten Baiembos ausgezogen, ist er bei einem Volk ankommen, Laperus genannt, die sind Freund mit den Baiembos. Sie haben nur Fisch und Fleisch, sind aber ein sehr großes Volk. Von diesen Laperus nahm unser oberster Hauptmann auch etliche zu sich, ihm den Weg zu weisen. Wie sie dann durch mancherlei Stämme mit großer Mühe und Armut ziehen mussten, geschah ihnen auch großer Widerstand und starb auf dieser Reise fast der halbe Teil der Christen. Und als er zu einer Nation kam, die da heißt Paisenhos, konnte er nicht weiter fort, sondern musste sich mit dem Volk wieder zurückziehen, außer drei Spaniern, die er der Schwachheit halber hinter sich bei den Paisenhos lassen musste.

Also kam unser Hauptmann Juan de Ayolas für seine Person gesund mit dem Volk zu den Naperus zurück, da er denn bis an den dritten Tag rastete und ausruhte, denn das Volk war sehr müd und schwach, hatten auch keine Munition mehr bei sich. Auf solches schlossen sich die Naperus mit den Baiembos zusammen und machten einen Kontrakt miteinander, dass sie unsern obersten Hauptmann Juan de Ayolas und die Seinen alle zu Tod schlagen und um-

Cap. 25
Parabol flu.
2 Naues cum 50 Christ--ianos.
PAI

Peisentri os.
NAPERVS

bringen wollten, wie sie dann auch solches vollbracht haben. Denn als unser Hauptmann gedachte, mit den Christen von den Naperus zu den Baiembos zu ziehen und auf halbem Wege war, wurden die Christen unversehens von den beiden Völkern in einem großen Gesträuch, da sie mussten durchziehen, mit Gewalt überfallen. Und wurde der Oberste samt all den seinen erbärmlich gleich wie von wütenden Hunden angegriffen und diese schwachen Christen samt ihrem Hauptmann alle zu Tode geschlagen und umgebracht, dass auch nicht einer von ihnen davongekommen. Gott sei ihnen und uns allen gnädig und barmherzig.

Kapitel 26

Wie wir hörten, dass unser Oberster erschlagen war, und den Martín Domingo de Ayolas zum Obersten wählten

---

Wir 50 Mann, die wir nach der Stadt Asuncion gefahren waren und unsers Hauptmanns und der Kriegsleut erwarteten, vernahmen allda von einem Indianer, welcher des verstorbenen Don Juan de Ayolas seligen Leibeigener gewesen und den Don Ayolas von den Paisenhos übernommen hatte, welcher aber, weil er die Sprach gekonnt, davongekommen war, was sich begeben hatte. Denn derselbe zeigte uns vom Anfang bis zum Ende an, wie diese ganze Sach ergangen. Wir wollten ihm aber nicht eigentlich Glauben geben.

Als wir nun ein ganzes Jahr in genannter Stadt Asuncion ausharrten, sollten wir kein Zeugnis erfahren oder vernehmen, wie es doch unserm Volk erginge, ausgenommen allein, was die Carios unserm Hauptmann Martín Domingo de Ayolas anzeigten: Wie das allgemeine Geschrei ginge, dass all unsre Christen von den Naperus und Baiembos sollten umgebracht sein. Doch wollten wir solches auch nicht glauben, es wäre denn die Sach', dass wir einen der Baiembos selbst hiervon hörten reden, dass es wahr sei.

So stand es ungefähr zween Monate, da kamen die Carios und brachten unserm Hauptmann zween Baiembos, welche sie gefangen hatten. Da unser Hauptmann sie gewahrte, sprach er sie an, ob sie diese Totschläge an den Christen auch hätten helfen vollbringen. Da leugneten sie gar sehr und sagten, unser oberster Hauptmann und sein Volk wären noch nicht aus dem Land gekommen. Darauf befahl der Hauptmann dem Richter und dem Inquisitor, man sollte sie peinlich fragen,[48] damit sie die Wahrheit bekennten. Da wurden sie derart gefoltert, dass sie es bekennen mussten. Sie zeigten auch an, dass unser Hauptmann mit allem Volk, wie oben berichtet, von den Naperus und Baiembos unversehens in dem Wald überfallen und sie allesamt umgebracht worden wären. Deswegen ließ unser Hauptmann diese beiden Baiembos richten und an einen Baum binden und von weitem ein groß Feuer um sie schüren, damit sie verbrennten.

Mittlerweile stand es uns allen für gut an, dass wir den oft erwähnten Martín Domingo de Ayola zu unserm allerobersten Hauptmann machten, sonderlich weil er sich gegen das Kriegsvolk so wohl verhalten, und dies so lang, bis die Kaiserliche Majestät ein anderes auftrug.

48 „Peinlich fragen“: Verhör unter Folteranwendung.

Kapitel 27

Der Oberste besetzt Asuncion, zieht gegen die Tiembus, da große Unordnung mit den Wilden war, besetzt Corpus Christi und fährt nach Buenos Aires

---

Unser neu gewählter Hauptmann beorderte daraufhin, dass man vier Schiff von den Barketten sollte zurüsten. Von dem Volk nahm er 150 Mann zu sich, die andern aber ließ er in genannter Stadt Asuncion und gab uns zu verstehen, er wolle all das andere Volk, nämlich die 150 Mann, so bei den Timbus gelassen waren, wovon oben die Rede gewesen, auch die 160 Spanier, die in der Stadt Buenos Aires bei den Schiffen geblieben waren, zusammen in die zuerst genannte Stadt Asuncion bringen. Und er zog also mit den vier Barketten die Wasser Paraguay und Parana abwärts und kam zu den Baiembos (die wir erst, da wir da ankamen, Bona speranza, die Festung aber, wo unsere Besatzung lag, Corpus Christi genannt hatten).

Zuvor aber und ehe dann wir von Asuncion zu den Tiembus kamen, ward von den Christen, so unser allda erwarteten (nämlich ein Hauptmann, der hieß Franzisco Ruiz,[49] Juan Pavon einem Priester und einem Secretario, der hieß Juan Hernandez, als substituierter Gubernator der Christen) ein falscher und böser Anschlag gemacht: dass sie nämlich den obersten Indianer der Tiembus und etliche

---

49 Es handelt sich wohl um Leutnant Francisco Ruiz Galán, Gouverneur von Buenos Aires (1537–1541).

andere Indianer mit ihm umbringen wollten. Wie sie dann auch solches Gräuel ins Werk gerichtet und die Indianer, welche ihnen lange seither jegliche Wohltat erzeigt hatten, schändlich vom Leben zum Tod gerichtet haben, ehe denn wir mit unserm Obersten Martín Domingo de Ayolas (wie gesagt) dahin kamen.

Als wir nun allda ankamen und solches erfuhren, erschraken wir darüber gar sehr, weil sonderlich die Tiembus alle geflohen waren; wir konnten aber nichts tun. Derhalben befahl unser oberster Hauptmann dem Antonio de Mendoza,[50] den er als Hauptmann mit 20 von unsern Leuten in Corpus Christi zur Besatzung mit Proviant ließ, er solle bei Leib und Leben den Indianern in keinerlei Weise noch Weg vertrauen, sondern gute Schildwach halten bei Tag und Nacht. Und ob es Sach wäre, dass die Indianer kämen und sich gegen ihn freundlich erzeigten, sollte er dieselben recht wohl behandeln und alle Freundschaft erweisen, doch in allem sich vor ihnen fleißig hüten und wohl zusehen, auf dass ihm und den Christen kein Schaden zugefügt würde.

Danach rüstet er sich wiederum fortzuziehen und nahm die genannten drei Personen als Verursacher dieses Totschlags, nämlich Franzisco Ruiz, den Priester Juan Pavon und Hernandez mit sich hinab. Und als sie wollten auf sein und hinweg fahren, kam ein Oberster von den Tiembus, der hieß Kazike Liemi, der war der Christen großer Freund, aber nichts desto minder musste er mit den Indianern konsentieren von wegen Weib und Kindern, auch seiner Freund halben. Der sagte zu unserm obersten Hauptmann

50 Ein weiterer Verwandter von Pedro de Mendoza. Nicht zu verwechseln mit dem Edelmann und Vizekönig von Mexiko, Graf Don Antonio de Mendoza (1490–1552).

Ayola, er solle die Christen alle mit sich abwärts führen, denn das ganze Land stünde mit aller Macht wider sie auf; die wollten sie alle totschlagen oder aus dem Land vertreiben. Da antwortete ihm der oberste Hauptmann Martín Domingo de Ayola, er wolle bald wiederkommen. Sein Volk wäre stark genug wider die Indianer, und er sagte zudem: der Kazike Liemi solle zu den Christen ziehen samt seinem Weib und Kindern und allen seinen Freunden oder auch wohl mit all seinem Volk. Darauf versprach ihm Kazike Liemi, solchem alsbald nachzukommen.

Darauf fuhr unser oberster Hauptmann Martín Domingo de Ayola den Fluss Parana abwärts und ließ uns allein zu Corpus Christi.

Kapitel 28

Die Tiembus bringen fünfzig Christen mit Verräterei um; die Christen verlassen Corpus Christi und fahren gen Buenos Aires

---

Gegen acht Tage hernach schickte der zuvor genannte Indianer Kazike Liemi einen von seinen Brüdern, Suelaba genannt, mit Verräterei und begehrte von unserm Hauptmann Antonio Mendoza, er sollte ihm sechs Christen mit Büchsen und anderer Rüstung zustellen. Damit wollte er sein Haus und sein Habe mit all den Seinen zu uns bringen und hinfort bei uns wohnen; und ließ daneben anzeigen, dass er sich vor den Tiembus sehr fürchtete, und er könnte ansonsten seine Sachen wohl nicht sicher herausbringen; und er zeigete sich in summa dermaßen, als wann er es gut mit uns meinte; sagte uns auch zu, er wollte Proviant und allen anderen Bedarf uns reichlich mitbringen. Aber solch sein Unterfangen war alles Büberei und Betrug.

Darauf hat ihm unser Hauptmann nicht sechs Mann, sondern fünfzig wohl zugerüsteter Spanier gegeben mit Wehren, Büchsen und anderer Munition, und sie mit allem Bedarf versehen. Doch hat er ihnen dabei mit allem Fleiß aufgegeben und befohlen, dass sie fleißig aufmerkten und ihrer selbst wohl wahrnehmen sollten, damit sie von den Indianern keinen Schaden nähmen.

Nun war aber von uns Christen zu diesen Tiembus nicht über eine halbe Meile Wegs. Als nun diese unsre fünfzig Mann zu ihren Häusern auf den Platz kamen, traten die

Tiembus zu ihnen, gaben ihnen einen falschen Judaskuss, brachten ihnen auch zu essen Fisch und Fleisch. Indem nun die Christen also aßen, stießen die Freund und andere Tiembus, so bei ihnen waren, auf diese fünfzig Männer, segneten ihnen das Essen dermaßen,[51] dass ihrer keiner davonkam, ausgenommen ein einziger Knabe, Calderon genannt, welcher ihnen entronnen.

Von Stund an überzogen sie uns 10 000 Mann stark, belagerten unsern Flecken, darinnen wir vierzehn Tag lang aneinanderlagen, vermeinten uns gänzlich zu unterdrücken; aber es geschah nicht: GOTT dem Herren sei Lob, dass er ihre Unternehmung steuerte. Sie hatten sich lange Spieße gemacht von den Rapieren, die sie von den Christen hatten an sich gebracht und mit denselben stachen und wehrten sie sich gegen uns; sie liefen Tag und Nacht Sturm an, konnten doch damit nichts ausrichten oder uns abgewinnen.

Es begab sich auf den vierzehnten Tag, dass diese Indianer in der Nacht einen ernstlichen Ansturm liefen und mit aller Macht auf uns drangen, auch unsre Häuser verbrannten. Indem lief unser Hauptmann Antonio Mendoza mit einem Schlachtschwert zu einem Tor hinaus. Nun standen allda etliche Indianer verborgen, dass man sie nicht konnte sehen. Als er nun zum Tor hinaus kam, schossen diese Indianer ihre Spieße durch den Hauptmann, dass er alsbald tot zur Erden fiel und weder Ach noch Wehe sagte.

Weil aber diese Indianer nichts mehr zu essen hatten, konnten sie sich allda nicht länger aufhalten, mussten derhalben mit ihrem Lager wieder aufbrechen und zogen davon.

51 Sie wurden also vergiftet.

Corp9 Christi.
Flu: Para

Cap. 28.
Rio della Plata
TIEMBVS

Kapitel 28

Danach kamen zu uns zwei Barketten, welche uns unser Hauptmann Don Martín Domingo de Ayola von Buenos Aires aus mit Proviant und allem Bedarf beladen zusandte, damit wir uns mit demselben bis zu seine Ankunft verköstigen möchten. Dessen waren wir gar froh, hingegen aber wurden die, so mit den zwei Barketten zu uns kamen, wegen der umgekommenen Christen sehr traurig. Darauf beschlossen wir zu beiden Teilen und sahen es für uns für das Beste an, dass wir nicht länger allda in diesem Flecken Corpus Christi bei den Tiembus blieben, sondern fuhren allesamt den Fluss abwärts und kamen gen Buenos Aires zu unserm obersten Hauptmann Martín Domingo de Ayola. Darüber erschrak er sehr, war auch wegen des erlegten Volks herzlich bekümmert, wusste auch nicht, was er tun oder was er mit uns anfangen sollte. Auch hatten wir keinen Proviant mehr.

Kapitel 29

Ein Schiff mit frischem Volk kommt aus Hispanien zu Santa Catarina an, schiffen mit einer Galeere dahin

---

Nachdem wir also bis an den fünften Tag zu Buenos Aires waren, kam uns ein kleines Schiff, Caravello genannt, aus Hispanien und brachte uns neue Leitung, dass nämlich ein Schiff angekommen wäre in Santa Catarina, dessen Hauptmann hieße Alonzo Cabrero, der brächte mit sich aus Hispania 200 Mann. Da nun unser oberster Hauptmann solche neue Leitung hatte vernommen, ließ er von den zweien kleinen Schifflein ein Schiff, das war eine Galeere, zurichten, und schickte es mit dem ersten nach Santa Catarina in Brasilia, das liegt 300 Meilen von Buenos Aires entfernt. Dazu beauftragte er einen Hauptmann, Gonzalo de Mendoza[52] genannt, der sollte das Schiff leiten, und befahl ihm, wenn er zu Santa Catarina zu dem Schiff käme, sollte er in das eine Schiff Proviant laden von Reis, Mandioka und andere Speise mehr, was er für gut ansehe.

Darauf begehrte dieser Hauptmann Gonzalo de Mendoza an unsern obersten Hauptmann Martín Domingo de Ayola, er sollte ihm sechs Gesellen von Kriegsleuten, auf welche er sich verlassen dürfte, mitgeben; das sagte er ihm zu. Also nahm er mich und sechs Spanier, auch zwanzig andere Personen von Kriegs- und Schiffsleuten zu sich.

---

52 Don Gonzalo de Mendoza, weiterer Vetter Pedros, Gouverneur von Neu-Andalusien unter Philipp II. (1556–58).

Indem wir nun von Buenos Aires wegfuhren, kamen wir in einem Monat nach Santa Catarina. Allda fanden wir das oben erwähnte Schiff, das aus Hispanien gekommen war, und den Hauptmann Alonzo Cabrero mit all seinem Volk und erfreuten uns sehr. Blieben auch allda zwei Monate und luden unser Schiff voll Reis, Mandioka und türkischem Korn gar voll, dass wir auf beiden Schiffen nicht mehr mochten mitführen.

Derweil wir nun mit beiden Schiffen samt dem Hauptmann Alonzo Cabrero und all seinem Volk von Santa Catarina weg auf Buenos Aires zu schifften und am Allerheiligen-Abend[53] bis auf 20 Meilen zu dem Flusse Parana kommen waren, kamen des Nachts die zween Schiff zusammen.

Dieser Fluss Parana ist an der Mündung 30 Meilen breit und währet solche Breite 50 Meilen, bis dass man kommt zu einem Hafen, der heißt San Gabriel. Allda ist er 18 Meilen breit.

Da fragte der eine Schiffer den andern, ob wir auf dem Flusse Parana wären; so erwiderte unser Schiffer, wir wären ebendort, der andere Schiffsmann aber sagte, wir wären gegen zwanzig Meilen davon weg. Denn so oft auf dem Meer zwei, drei oder mehr Schiffe miteinander fahren, so kommen sie allemal, wann die Sonne untergehen will, zusammen. Alsdann fragen sie einander, wie weit sie Tag und Nacht gefahren seien und was sie für einen Wind die Nacht nehmen, damit sie nicht voneinander kommen.

Darauf sprach unser Schiffer wiederum das andere Schiff an, ob es ihm wollte folgen; aber der andere Schiffer sagte,

53 Am 1. November.

es wäre jetzt schon Nacht, er wolle derhalben auf dem Meer bleiben bis zum frühen Morgen, da er bei Nacht nicht auf das Land zufahren möchte. Und war dieser Schiffer etwas verständiger zum Fahren denn der unsere, wie ihr hernach vernehmen werdet. Darauf fuhr unser Schiffer seinen Weg und verließ das andere Schiff.

Kapitel 30

Wir erleiden Schiffbruch, etliche kommen zu Land gen St. Gabriel, von dannen zu Buenos Aires, und schiffen nach Asuncion

---

So schifften wir die Nacht und hatten großen Sturmwind auf dem Meer, so dass wir um zwölf oder ein Uhr gegen den Tag, ehe wir unsern Anker auswarfen, Land sehen konnten.

Demnach war das Schiff auf Land gestoßen und hatten wir doch noch wohl eine gute Meile Wegs zu Lande. Also wussten wir kein ander Mittel denn dass wir GOTT den Allmächtigen anriefen, dass er uns gnädig und barmherzig sei. In derselben Stund wurde unser Schiff in tausend Stücke zerstoßen, und ertranken 15 Mann und sechs Indianer. Etliche kamen aus auf großen Hölzern, ich und andere fünf Gesellen kamen aus auf dem Segelbaum. Aber von den 15 Personen konnten wir keine Leich finden. GOTT erbarme sich in Gnaden unser aller!

Danach mussten wir die zehn Meil zu Fuß laufen und hatten unsere Kleider im Schiff verloren, wie dann auch die Speis; und mussten uns nur behelfen mit den Wurzeln und Früchten, so wir in den Wäldern fanden, bis dass wir zu dem Port oder Hafen kamen, Sankt Gabriel genannt; allda fanden wir das vorgemeldete Schiff mit seinem Hauptmann, welches drei Tag vor uns angekommen war.

Nun hat man solchen unsern Zustand unserm Hauptmann Martín Domingo de Ayola angezeigt in Buenos Aires. Derselbe mitsamt seinen Leuten waren um uns sehr betrübt, denn sie hielten gänzlich dafür, wir wären allesamt gestorben und ließen derhalben etliche Mess für unsre Seelen lesen.

Nachdem wir nun in Buenos Aires ankamen, ließ unser oberster Hauptmann Ayola unsern Schiffshauptmann samt dem Piloten oder Steuermann vor sich berufen; und wann nicht so große Fürbitt für ihn wäre vorhanden gewesen, hätte er den Piloten lassen henken. So musste er aber vier Jahr lang auf dem Schifflein sein.[54]

Da nun das Volk in Buenos Aires alles beieinander war, orderte unser oberster Hauptmann, dass man die Rennschifflein fertig machen sollte. Er nahm das Volk alles zusammen, verbrennete die großen Schiff und verwahrte nur das Eisengeschirr. Alsdann fuhren wir wiederum den Fluss Parana aufwärts und kamen endlich zu unsrer vorgemeldeten Stadt Nostra Signora d'Asuncion.[55] Da blieben wir zwei Jahr lang und warteten auf weitern Bescheid von der Kaiserlichen Majestät.

---

54 Gemeint ist die Galeerenstrafe.

55 Schmidel schreibt eine merkwürdige Mischung aus Italienisch und Spanisch: „Nostra Signora" ist italienisch. „Asuncion" spanisch. Dies zeigt, dass er der spanischen Orthografie nicht ganz mächtig war. Bei Rio della Plata ist es ähnlich. Auf Spanisch müsste es heißen: *„Rio de la Plata"*.

Cap: 30
Paranã flũ: siue
Rio della Plata

Kapitel 31

Alvaro Nuñez kommt aus Hispanien nach Santa Catarina und zuletzt gen Asuncion mit 300 Hispaniern und wird Gubernator

---

Indem kam ein oberster Hauptmann aus Hispanien, der hieß Alvaro Nuñez Cabeza de Vaca.[56] Solchen Hauptmann ordinierte die Kaiserliche Majestät mit 400 Mann und 30 Pferden auf vier Schiffen, darunter zwei große und zween Caravellen waren.

Als nun diese vier Schiff zu einer Porten oder Hafen in Brasilia, die da heißt Biaza oder Santa Catarina ankommen, wollte er allda Proviant laden. Und als der Hauptmann zwo Karavellen bei acht Meilen von gemeldetem Port nach Proviant ausschickte, ist ein solcher Sturm über sie kommen, dass sie beide auf See oder Meer haben bleiben müssen, und ist anderes nichts davon kommen als die Leut so darauf gewesen.

---

56 Alvaro Nuñez Cabeza de Vaca (1490–1557), span. „der Kuhkopf", war einer der schillerndsten und umtriebigsten Persönlichkeiten unter den spanischen Konquistadoren. Er erkundete Florida und Mexiko unter ungewöhnlich abenteuerlichen Bedingungen. Denn er erlitt auf der Hinfahrt dorthin 1528 Schiffbruch und überlebte. Danach wurde er von den mexikanischen Pueblo-Indianern versklavt, konnte aber nach mehreren Jahren schließlich entkommen und ließ sich in Spanien als Held feiern. Im Jahr 1540 verlässt er Spanien erneut, nimmt an der Conquista von La Plata teil und wird anschließend Gouverneur dieser Region (= Neu-Andalusien) von 1541 bis 1544, wie Schmidel berichtet. Sein eigensinniger Regierungsstil stieß indes auf regen Widerstand der eigenen Gefolgsleute, die ihn absetzen, verhaften lassen und nach Spanien zurückschicken.

Als solches der oberste Hauptmann Alvaro innewurde, durfte er sich mit den andern zween großen Schiffen nicht mehr auf's Wasser wagen, sonderlich weil sie nicht sehr gut waren; ließ sie derhalben zerbrechen und kam über Land nach Rio della Plata, bis er letztlich zu uns kam in die Stadt Nostra Signora d'Asuncion. Und bracht mit sich von den 400 Mann noch dreihundert. Die andern hundert aber waren vor Hunger und Krankheit gestorben.

Dieser Hauptmann ist acht Monat lang unterwegs gewesen, und es ist von der Stadt Asuncion bis zu dem Flecken oder Hafen Santa Catarina 300 Meilen.[57] So brachte Alvaro Nuñez mit sich aus Hispania seine Gubernation von der Kaiserlichen Majestät und begehrte derowegen, dass unser Hauptmann Martín Domingo de Ayola ihm seine Gubernation übergebe, und sollte ihm alles Volk untertänig sein.

Dazu war der Hauptmann Martín Domingo de Ayola und das Volk ganz willig und gehorsam, doch mit dem Wunsche, dass Alvaro Nuñez etwas darob vorzeigte, dass er solche Gewalt von hochernannter Kaiserlicher Majestät erlanget oder zuwege gebracht hätte. Solches konnte aber die Gemeinde nicht herausbringen, sondern allein die Pfaffen[58] und zwei oder drei Hauptleut. Wie es aber mit diesem Hauptmann fürderhin ergangen, werdet ihr nachher hören.

---

57 Dies muss als kürzeste Entfernungsangabe verstanden werden, denn von Asuncion über den Fluss bis ans Meer sind es 343 Meilen, dann bis Santa Catarina weitere 300.

58 Priester.

Kapitel 32

Der Gubernator hält Musterung und schickt Schiffe den Fluss aufwärts zu den Surucusis und Acares, deren Obersten sie gehenkt

---

Nun stellte dieser erstberührte Alvaro Nuñez unter allem Volk eine Musterung an. Da fand er in allem 800 Mann; er machte auch zu dieser Zeit mit Martín Domingo de Ayola Brüderschaft und sie wurden geschworene Brüder, dass also Ayola nicht minder als zuvorhin mit dem Volk zu schaffen und zu gebieten Macht hatte. Darauf ließ der Gubernator neun Rennschifflein zurüsten, und wollte den Fluss Paraguay aufwärts fahren, soweit er konnt. Er schickte aber in dieser Zeit, ehe denn die Schiff zubereitet worden, drei Barketten mit 150 Mann zuvor. Die sollten so weit ziehen als sie konnten, und Indianer suchen, die Mandioka und türkisch Korn hätten. Auch ordnete er ihnen zwei Hauptmänner zu. Der eine hieß Antonio Cabrera, der andere aber Diego Tobellino.

Die kamen erstlich zu einem Volk, das Surucusis heißt. Diese hatten türkisch Korn und Mandioka, auch andere Wurzeln, als Mandi, sind den Haselnüssen gleich; sie haben auch Fisch und Fleisch. Die Männer tragen in den Lippen einen blauen großen Stein, wie ein Brettstein, die Weiber gehen bedeckt an ihrer Scham.

Bei diesem Volk ließen wir unsre Schiff und etliche unserer Gesellen dabei, damit sie dieselben verwalteten, und zogen alsdann in das Land hinein vier Tag lang. Allda fanden wir einen Flecken, der gehört den Carios zu; die waren ungefähr 3000 Mann stark. Also nahmen wir Abschied vom Land und sie gaben uns guten Bescheid. Danach kehrten wir wiederum zu den Schiffen zurück und fuhren den Fluss Paraguay abwärts und kamen zu einem Volk, das heißt Acares. Bei diesen fanden wir einen Brief von unserm Obersten Alvaro Nuñez. Derselbe Brief lautete dahin, man sollte den obersten Indianer allda, Ararcare genannt, henken. Solchem Mandat kam unser Hauptmann unverzüglich nach, woraus aber hernach ein großer Krieg erwachsen, wie alsbald zu vernehmen ist.

Wie nun solches ergangen und gemeldeter Indianer seinen Tod solchergestalt nehmen musste, zogen wir nachmals den Fluss abwärts zur Stadt Asuncion und zeigten unserm Obersten Alvaro an, was wir bei dieser Reise ausgerichtet und gesehen hatten.

Kapitel 33

Tabere und Carios rüsten sich wider die Christen. Tabere wird erobert

---

Danach begehrte unser Gubernator von dem obersten Indianer, so in der Stadt Asuncion wohnte, dass er ihm 2000 Indianer sollte zuordnen, die mit uns Christen den Fluss aufwärts zögen.

Darauf erboten sich die Indianer gutwillig, uns in allem unserm Begehren gefällig und gehorsam zu sein. Sie fügten doch dazu, unser oberster Hauptmann sollte sich zuvor wohl besinnen, ehe er in das Land zöge. Denn das ganze Land Tabere und Carios wären mit aller Macht dabei wider die Christen zu ziehen. Denn derselben Oberster sei der Bruder des Aracare, welcher von den Christen gehenkt worden, und begehre solchen Tod mit allem Ernst an den Christen zu rächen.

Also musste auf solchen gegebenen Rat unser Hauptmann diese Reis einstweilen lassen und sich dafür wider seinen Feind rüsten und gegen denselben ziehen. Derhalben akkordierte er mit seinem geschworenen Bruder Martin Domingo de Ayola, dass er 400 Christen und 2000 Indianer sollte zu sich nehmen und wider die oben genannten Tabere und Carios ausziehen, dieselben durchaus zu verjagen, zu verheeren und auszutilgen.

Solchem Befehl kam erwähnter Ayola mit allem Fleiß nach und zog mit diesem Volk aus der Stadt Asuncion und kam gegen den Feind, und ließ erstlich diesen Tabere im Namen der Kaiserlichen Majestät zum Frieden vermahnen. Aber er wollte sich daran nicht kehren noch gütlich einlassen, denn er hatte sehr viel Volks beieinander und seinen Flecken sehr stark mit Staketen, das ist ein Zaun von Holz, dreifach um und um verwahrt; sie hatten auch sehr viel große und weite Gruben darum gemacht, von denen erst kürzlich berichtet worden; aber wir hatten solches alles zuvor ausgespähet.

Also lagen wir bis auf den vierten Tag, ehe denn wir ihnen absagten, und den vierten Tag fielen wir drei Stund vor Tag in den Flecken, erschlugen alles, was wir darin fanden, und fingen viel Weiber; das war uns ein großer Behelf.

In diesem Scharmützel sind 16 Christen untergegangen, auch ihrer viel von unserm Volk beschädigt worden; so sind auch der Indianer auf unsrer Seiten nicht wenig geblieben, doch es waren auf der Kannibalen Seiten bis an 3000 tot geblieben.

Nach solchem stand es nicht lang an, da kam der Tabere mit seinem Volk und begehrte Gnad von uns; und baten daneben, wir sollten ihnen ihre Weiber und Kinder wiedergeben, so wollte er, Tabere, und sein Volk uns Christen auch dienen und untertänig sein. Ein solches musste ihnen unser Hauptmann nach der Kaiserlichen Majestät Befehl zusagen.

Kapitel 34

Asuncion wird besetzt; wir schiffen den Fluss Paraguay hinauf, kommen zu Monte San Fernando, Tiembus, Bascherepos und Surucusis

---

Als nun dieser Frieden gemacht war, fuhren wir wieder den Fluss Paraguay abwärts und kamen zu unserem obersten Hauptmann Alvaro Nuñez Cabeza de Vaca und zeigten ihm an, wie es uns ergangen war. Darauf war er bedacht seine zuvor fürgenommene Reis zu vollbringen, und begehrte von Tabere, so jetzt zufrieden gestellt war, dass er ihm 2000 wohlgerüster Indianer zugebe, die mit ihm zögen. Dessen waren sie willig und erboten sich, allezeit uns gehorsam zu erscheinen. Er begehrte auch von den Carios, dass sie neun Rennschifflein laden sollten. Als nun solches alles fertig war, nahm er von den 800 Christen 500 Mann zu sich, die andern 300 aber ließ er in der Stadt Asuncion und ordinierte denselben einen Hauptmann, genannt Juan de Salazar.[59]

Darauf fuhr unser genannter Hauptmann Alvaro mit den 500 Christen und 2000 Indianern den Fluss Paraguay aufwärts, und die Carios hatten 83 Kanus oder Nachen mit sich, wir Christen aber hatten neun Barketten und in jedem zwei Pferd. Aber man ließ diese Pferd die 100 Meilen durchs Land gehen, und wir fuhren auf einem Fluss bis zu einem Berg, der heißt Monte San Fernando. Allda nahmen wir

59 Juan de Salazar de Espinosa y los Monteros, Nachfolger von Juan de Ayola und zweiter Gouverneur von Asunción (1537–1541) in Paraguay.

die Pferd in die Schiff und fuhren von dannen, bis dass wir zu unsern Feinden, den Baiembos, kamen. Aber sie harrten unser nicht, sondern flohen mit Weib und Kind davon und verbrenneten zuvor ihre Häuser.

Danach zogen wir miteinander 100 Meilen Wegs, dass wir kein Volk nit fanden. Nach diesem aber kamen wir zu einem Volk, deren Stämme heißen Bascherepos, die haben Fisch und Fleisch; ist eine große Nation und über hundert Meil weit; die haben sehr viel Kanus oder Zillen, davon nicht zu schreiben ist. Ihre Weiber haben bedeckte Scham. Diese wollten nicht mit uns reden, sondern liefen davon.

Von dannen kamen wir zu einem Volk, die heißt Surucusis, und ist von den Bascherepos 90 Meilen; die empfingen uns gar freundlich. Diese Surucusis wohnet und hauset jeglicher für sich selbst mit seinem Weib und Kindern. Die Männer haben ein rund Scheiblein von Holz wie ein Brettstein, so ihnen am Zipfel des Ohres hanget.

Die Weiber haben einen grauen Stein von Kristallen heraußen an der Lippe; der ist dick und lang als ein Finger: sind schön und wandeln gar mutternackt. Die haben türkisch Korn, Mandioka, Mandi, Batates, Fisch und Fleisch genug; ist ein großes Volk.

Unser Hauptmann ließ die fragen nach einem Volk, das heißt Caracas, desgleichen nach den Carios; sie konnten ihm aber von den Caracas nichts anzeigen. Von den Carios aber meldeten sie, sie wären noch in ihren Häusern; es war aber nichts.

Darauf befahl unser Hauptmann, dass man sich rüsten sollte, denn er wollte ins Land ziehen und es sollten 150 Mann allda bei den Schiffen bleiben; denen ließ er Proviant auf zween Jahr und nahm zu sich die 350 Christen, auch die

18 Pferd und 2000 Indianer oder Carios, so von der Stadt Asuncion mit uns ausgezogen. Und zogen wir also ins Land, richteten aber nicht viel aus, denn unser Oberster war nicht der Mann dafür. So waren ihm auch die Hauptleut und Knecht alle feind, wie er sich denn auch feindselig gegen das Kriegsvolk erzeigte.

Also zogen wir 18 Tag lang, dass wir weder Carios noch andere Menschen fanden; hatten auch nicht viel Proviant mehr. Derhalben musste unser Hauptmann mit uns wieder zurück zu den Schiffen ziehen. Unser Oberster aber schickte einen Spanier, genannt Francisco de Rivero, mit andern zehn Hispaniern gerüstet weiter hinan. Er befahl ihnen, sie sollen zehn Tag lang fort reisen, und wär es auch, dass sie in solcher Zeit kein Volk finden, sollen sie wieder zu den Schiffen kehren, allda wir dann ihrer warteten.

Da fanden sie ein großes Indianervolk, die haben auch viel türkisch Korn, Mandioka und andere Wurzeln mehr. Die Spanier aber durften sich nicht sehen lassen, kehrten derhalben wieder zu uns und zeigten solches dem obersten Hauptmann an. Nun wollte er nur wieder ins Land und daselbst hinziehen und musste es doch des Wassers halber, welches ihn daran verhinderte, unterlassen.

Kapitel 35

Hernando de Rivero schifft den Fluss hinaufwärts, kommt zu Guebuecusis und Acares

Danach verordnete er ein Schiff mit 80 Mannen und stellet uns einen Hauptmann Hernando de Rivero genannt und schicket uns den Fluss Paraguay aufwärts eine Nation zu suchen, die heißt Scherues; daselbst sollten wir ins Land gehen zwei Tag und nicht länger und ihm alsdann Meldung von dem Land und denselben Indianern bringen.

Da wir den ersten Tag von ihm ausfuhren, kamen wir auf vier Meilen auf dem andern Land liegend zu einem Volk, die heißt Guebuecusis; die wohnen in einer Insel welche ungefähr 30 Meilen weit ist, und fließet darum der Fluss Paraguay; diese haben zu essen Mandioka, Mais, Mandi, Batades,[60] Mandioka peropi und andere Wurzeln mehr, item Fisch und Fleisch. Mann und Frauen sind Gestalt wie die vorgenannte Surucusis. Diesen Tag blieben wir bei ihnen, und den andern hernach waren wir wieder auf; so zogen mit uns von diesen Indianern zehn Kanus oder Nachen und wiesen uns den Weg; fingen Wildbret alle Tage zweimal, desgleichen auch Fisch, damit sie uns verehrten.

Auf dieser Reis waren wir neun Tag und kamen alsdann zu dem Stamm Acares; allda ist sehr viel Volks beieinander,

60 Batades oder „*batatas*" sind die bereits erwähnten Süßkartoffeln. Die anderen Speisen sind Mais und verschiedene Unterarten der Maniokwurzel, die das wichtigste Nahrungsmittel der Indios Südamerikas war und bis heute in der südamerikanischen Küche beliebt ist.

sind Mann und Frauen große und lange Leut, dergleichen ich im ganzen Rio della Plata nicht gesehen, und sind diese Acares 36 Meilen von den nächst gedachten Surucusis; haben anders nichts zu essen denn Fisch und Fleisch, und gehen die Frauen mit der Scham bedeckt.

Bei diesen Acares blieben wir einen Tag lang still liegen, da kehrten genannte Sururcusis mit ihren zehn Kanus wieder heim zu ihrem Flecken. Danach begehrte unser Hauptmann Hernando de Rivero an die Acares, sie sollten uns den Weg weisen zu den Scherues; dessen waren sie willig und zogen mit acht Kanus von ihrem Flecken mit uns und fingen alle Tag zweimal Fisch und Fleisch, damit wir zu essen genug hätten.

Warum aber diese Nation Acares genannt wird, ist diese Ursach: Acare ist ein großer Fisch, der hat eine harte Haut, dass man ihn mit keiner Waffen kann wund hauen, noch mit den indianischen Pfeilen schießen, und er tut den anderen Fischen sehr viel Schadens. Seine Eier oder Rogen, welchen er aufs Land legt ungefähr auf zwei bis drei Schritt vom Wasser, riechen gleich als Bisam und sind gut zu essen. An diesem Fisch ist der Schwanz am besten, ist auch sonst an sich selber nicht schädlich und wohnet allezeit im Wasser.

Bei uns in Teutschland hält man es für ein schädlich und giftig Tier und nennet es ein Krokodil oder Basilisk und man sagt, so jemand diesen Fisch erschau, dass ihn der Fisch anglotzt, so muss er ohn alles Mittel sterben, welches der Wahrheit nit ungemäß, da der Mensch ohnehin sterben muss und nichts Gewissers ist. Weiter sagt man, dass dieser im Brunnen wächst und gefunden wird und dass alsdann kein ander Mittel sei diesen Fisch umzubringen, als dass man ihm einen Spiegel zeigt und fürhält, dass er sich selber darin sehe, so muss er alsdann von seiner selbst Gräulichkeit ansehen von Stund an tot liegen. Solches aber von gemeldetem Fisch ist alles Fabel und nichts, denn ich hätt hundertmal sterben müssen, so es wahr wäre, da ich den Fisch mehr denn 3000 gefangen und gegessen hab. Hätt derowegen von diesem Fisch nit so viel geschrieben, wenn ich nit einen gewissen Grund hätte; denn ich hab seine Haut gesehen zu München in meines gnädigen Herrn Herzog Albrechten[61] seiner Schießhütten, die er im Tiergarten hat. So hab ich gleich davon müssen sagen. In dem genannten Flecken Acares sind am allermeisten und mehr denn an andern Orten; und darum dass so viel sind, heißet die Nation Acares.

61 Herzog Albrecht V. von Bayern (1528–1579).

Kapitel 36

Wir kommen zu den Scherues, da wir gar stattlich empfangen und tractiert werden

---

Kamen den neunten Tag nach unserm Auszug zu den Scherues, dahin man von den Acares 36 Meilen rechnet. Dieses ist ein sehr großes Volk; es waren aber noch nicht die rechten, bei denen der König wohnt. Diese Scherues aber, zu denen wir damals kamen, tragen Knebelbärt und haben einen runden Ring von Holz am Zipfel des Ohrs hangen, und das Ohr ist um den Ring von Holz gewickelt, dass es gar wunderlich zu sehen ist. Die Männer tragen auch einen breiten Stein von Kristall in der Lippe, ungefähr wie ein Brettstein formiert sein mag, und sind am Leib blau gemalt von oben bis auf die Knie, und es sehet aus, als wenn man Hosen malte. Die Weiber aber sind auf eine andre Manier gemalet auch blau, von den Brüsten bis auf die Scham gar künstlich; sie gehen mutternackt und sind schön auf ihre Manier; vergingen sich auch wohl im Finstern.

Bei diesen Scherues blieben wir einen Tag still liegen und zogen hernach in dreien Tagen 14 Meilen bis wir kamen, da ihr König wohnte (davon dann das Volk Scherues heißt), dessen Land ist aber nur vier Meilen breit. Er hat aber gleichwohl auch einen Flecken am Flusse Paraguay liegen.

Da ließen wir unser Schiff mit zwölf Spaniern, die es verwahrten, damit, wann wir wieder zurückkämen, wir unsre Beschützung hätten. Befahlen auch den Scherues, so in diesem Flecken wohnten, sie sollten den Christen gute Gesellschaft leisten, wie sie dann auch taten.

So blieben wir zwei Tag lang im Flecken, machten uns fertig auf die Reis und nahmen zu uns, was wir vonnöten hatten; zogen alsdann über den Fluss Paraguay und kamen dahin, wo der König persönlich wohnte.

Und da wir auf eine Meil Wegs hinzu kamen, kam der König von den Scherues uns auf einer Jagd entgegen mit 12 000 Mann oder mehr friedensweis. Der Weg, darauf sie gingen, war acht Schritt breit und durchaus mit Blumen und Gras bestreuet bis zu dem Flecken, also dass man nit einen einzigen Stein, Holz oder Stroh hätte finden oder sehen mögen; auch hatte der König seine Musica bei sich, deren Instrumente waren gemacht gleich wie bei uns die Schalmeien. Auch hatte er verordnet, dass man zu diesem Mal auf beiden Seiten des Wegs Hirschen und ander Wildbret herum jagt; nach dem fingen sie ungefähr 30 Hirschen und 20 Straußen oder Nandu, und war solches fürwahr sehr lustig zu sehen. Als wir nun gar in ihren Flecken kamen, ließ der König allemal zwei Christen in einem Haus logieren, und unsern Hauptmann samt seinen Dienern in dem königlichen Haus, und ich war nit weit von des Königs Haus einquartiert. Danach verschuf der Scherues-König seinen Untertanen, dass sie uns Christen wohl sollten tractieren und uns allen Bedarf reichen. Also hielt dieser König Hof auf seine Manier, als der größte Herr in diesem Lande.

Man musste ihm auch zu Tisch blasen; wenn es sein Begehren ist, alsdann müssen die Männer und die schönsten Frauenbilder vor ihm tanzen. Solcher Tanz war uns Christen sehr wunderbarlich zu sehen, dass auch einer seines Mauls mochte vergessen. Dieses Volk ist gleich den andern Scherues, davon erst kürzlich geredet worden. Ihre Weiber machen große Mäntel von Baumwollen gar subtil wie der Arras, darein sie dann allerlei Figuren wirken, als Hirsche, Strauße, indianische Schaf, je nachdem es eine kann. In solchen Mänteln schlafen sie, wann's kalt ist, oder sitzen darauf oder wozu sie es sonst brauchen können oder wollen. Diese Frauen sind sehr schön und große Buhlerinnen, auch gar freundlich und sehr hitzig am Leib, als mich bedünkt.

Allda blieben wir vier Tag lang. Indem fragte der König unsern Hauptmann, was unser Begehren und Meinung wäre, und wo wir hinaus wollten. Darauf antwortete ihm unser Hauptmann, er suche Gold und Silber. Also gab ihm der König eine silberne Kron, die hat gewogen anderthalb Mark ungefähr. Item eine Plantsche von Gold, die ist lang gewesen anderthalb Spann und eine halbe Spanne breit, auch ein Brazalete, das ist ein halber Harnisch, und andere Sachen mehr von Silber, und sprach darauf zu unserm Hauptmann, er hätte weder Gold noch Silber mehr. Diese ob genannten Stücke aber hatte er vor Zeiten in einem Krieg wider die Amazonen erobert und bekommen.[62]

Als er von den Amazonen hören ließ und von ihrem großen Reichtum meldete, waren wir dessen sehr froh; und fragte alsbald unser Hauptmann den König, ob wir zu Wasser könnten zu denselbigen kommen, und wie weit wir zu denselbigen hätten. Darauf gab er uns zu Antwort, wir

62 Die Legende der „Amazonen", kriegerischen und matriarchalisch organisierten Frauen, ist altgriechischen Ursprungs. Der Dichter Homer nennt sie im 8. Jahrhundert v. Chr. in seiner *Ilias.* Die Konquistadoren importieren diese altgriechische Legende nach Südamerika, wo sie sich hartnäckig behauptet.

möchten zu Wasser nicht dahin kommen, sondern müssten über's Land ziehen und hätten zwei Monat lang aneinander zu reisen.

Als wir solchen Bericht von der Scherues König vernommen hatten, nahmen wir uns gänzlich für, zu genannten Amazonen zu ziehen, wovon hernach zu vernehmen ist.

SCHERVES.

Cap: 36

Kapitel 37

Der Weiber Amazonen Beschreibung. Wir ziehen sie zu suchen, kommen zu den Siberis und Orthuesen

Diese Amazonen sind Weiber, und kommen ihre Männer im Jahr dreimal oder viermal zu ihnen. Und so eine Frau mit einem Knäblein von ihrem Manne schwanger wird, schickt sie solches ihrem Mann nach der Geburt heim. Ist es aber ein Maidlein, so behalten sie es bei sich und brennen ihm die rechte Brust aus, damit sie nicht weiter wachsen kann. Sie tun aber solches aus der Ursach, dass sie Gewehr und Bögen mögen brauchen, denn es sind streitbare Weiber und führen Krieg wider ihre Feind. Diese Weiber wohnen auf einer Insul, die ist ringsum mit Wasser umfangen und ist eine sehr große Insul. Und wenn man zu ihnen will, muss man mit Kanus herzu fahren. Aber auf dieser Insul haben die Amazonen kein Gold oder Silber, sonder in Tierra firma, also am Festlande, allda die Männer wohnen. Daselbst haben sie großen Reichtum. Ist ein sehr großes Volk und haben einen König, der soll heißen Jegnes, wie der Name des Orts anzeigte.[63]

Nun begehrte unser Hauptmann Hernando de Rivero von dem genannten König der Scherues, er solle ihm aus

63 Schmidel vermischt zwei altgriechische Legenden, diejenige der Amazonen und diejenige von Atlantis, der berühmten mythischen Zivilisation, die nach einer Flut unter Wasser begraben wurde. Er kommt hier ins Schwärmen und verlässt seine ansonsten an militärischen Fakten orientierte Berichtsprache.

seinem Volk etliche Mann mitgeben, damit dieselben unsern Plunder trügen. So wollte er das Land einwärts ziehen und die genannten Amazonen suchen. Dessen war der König willig, zeigte uns jedoch dazu an, das Land wäre zu dieser Zeit voller Wasser und daher nicht gut, zu diesem Mal dorthin zu reisen. Wir wollten aber solchem keinen Glauben schenken, sondern begehrten von ihm die Indianer. Darauf gab er unserm Hauptmann für seiner Person zwanzig Mann, die ihm das Plunderwerk und seine Speis mussten tragen. Unser jeglichem aber gab er fünf Indianer zu, die unser warten und unsern Bedarf tragen sollten, denn wir hatten acht Tag zu reisen, wobei wir keine Indianer fanden.

Da kamen wir zu einem Volk, deren Stämme heißen Siberis; sind den Scherues in der Sprach und andern Sachen gleich. Die acht Tag schritten wir für und für durch's Wasser bis an die Gürtel und die Knie, Tag und Nacht, dass wir nicht mochten oder konnten herauskommen. Wann wir ein Feuer wollten entzünden, so legten wir große Scheite aufeinander und machten das Feuer darauf. Und es begab sich manchmal, dass der Häfen, worin wir unsre Speis hatten und kochten, mitsamt dem Feuer ins Wasser fiel und wir alsdann ungespeist mussten bleiben. Auch hatten wir weder Tag noch Nacht Ruhe vor den kleinen Fliegen, vor denen wir nicht schlafen mochten.

Da fragten wir die Siberis, ob wir fortan nicht Wasser hätten. Darauf sagten sie, wir müssten fortan noch vier Tag lang im Wasser gehen und danach noch fünf über's Land. Alsdann kämen wir zu einem Volk, das heißt Orthuesen. Sie gaben uns auch zu verstehen, es wären unser zu wenig, wir sollten uns wieder zurückziehen. Wir wollten aber solches der Scherues halber nicht tun, sondern gedachten vielmehr, die Scherues, so uns bisher geleitet hatten, wieder heim in ihre Flecken zu schicken. Aber sie wollten es nit tun, denn ihr König hatte ihnen befohlen, sie sollten nicht von uns weichen, sondern bei uns bleiben und auf uns warten, bis wir wieder aus dem Lande zögen. Da gaben uns die genannten Siberis zehn Mann, welche neben den Scherues uns den Weg sollten weisen zu den erwähnten Orthuesen.

Also gingen wir noch mehr als sieben Tag lang in dem Wasser bis an die Knie und war das Wasser so warm, als wäre es über dem Feuer gewesen. So mussten wir auch dies Wasser trinken, weil wir kein anderes hatten. Man möchte aber meinen, dies wäre ein fließend Gewässer gewesen. Das ist, weil es zur selben Zeit so sehr geregnet hatte, wovon das Land so voll von Wasser worden ist. Denn es ist ein eben und glatt Land, und wir haben solch Wasser mit der Zeit wohl empfunden, was ihr hernach noch vernehmen werdet.

Danach kamen wir den neunten Tag zu der Orthuesen Flecken gen Mittag zwischen zehn und elf Uhr, und da es gen zwölf Uhr war, kamen wir erst in die Mitte ihres Fleckens, allda ihres Obersten Haus war.

Es war aber gleich zur selben Zeit ein großes Sterben unter ihnen, das kam vor lauter Hunger her. Denn die Heuschrecken hatten ihnen bei zwei Malen das Korn und die Früchte bis auf den Grund von den Bäumen gefressen und verderbt, dass sie nichts zu essen hatten. Als wir Christen nun solches vernahmen, erschraken wir gar sehr darob, und weil wir gleich nicht viel zu essen hatten, konnten wir auch nicht lang im Land bleiben.

Da fragte unser Hauptmann ihren Obersten, wie weit wir noch zu den Amazonen hätten. Der sagte uns, wir hätten noch einen ganzen Monat lang zu reisen, und das ganze

Name, Vorname

Straße, Nr.

Plz, Ort

Telefonnummer

Faxnummer

Email

Name, Vorname

Bitte ausreichend frankieren

Rückantwort

EDITION ERDMANN
in der marixverlag GmbH
Römerweg 10
65187 Wiesbaden

EDITION ERDMANN

Land sei dazu voll von Wasser, wie es denn also auch erfolgt ist.[64]

Dieser Oberste der Orthuesen gab unserm Hauptmann vier Plantschen von Gold und vier Silberring, die man an den Arm tut. Aber die Plantschen tragen die Indianer für eine Zier an der Stirn wie hier zu Land die großen Herren güldene Ketten am Halse tragen. Für solche Stück gab unser Hauptmann diesem obersten Indianer Hacken, Messer, Paternoster, Scheren und anderer Gattung mehr, die man zu Nürnberg macht. Wir hätten gern mehr von ihnen begehrt, durften's aber nicht kecklich tun, denn es waren auf unser der Christen Seiten zu wenige, derhalben wir sie fürchten mussten. Es waren dieser Indianer sehr viel, dass ich noch in ganz India keinen größeren Flecken und mehr Volk beieinander gesehen, denn dieser Flecken war über die Maßen sehr weit und breit. Dieser Indianer Sterben war gewisslich unser Glück, denn sonsten wären wir Christen vielleicht mit dem Leben nicht davon kommen.

64 Wenn der Obere der Orthuesen diese von Schmidel überlieferte Anweisung überhaupt gab, dann meinte er sicher etwas anderes, als die Spanier (von der griechischen Mythologie ausgehend) verstehen wollten. Ein klarer Fall des kulturellen „aneinander Vorbeiredens".

Kapitel 38

Wir ziehen wieder zurück nach unserm Obersten, der unsre Beute abnimmt; sind aufrührig

Wir zogen alsdann wieder zurück zu den erstgenannten Siberis, und waren wir Christen sehr übel mit Proviant versehen, hatten auch anders nichts zu essen denn von einem Baum, der heißt Palmido,[65] und Cardes und andre wilde Wurzeln, welche unter der Erde wachsen.

Und als wir wieder zu den Scherues kamen, war unser Volk wohl halb bis auf den Tod krank von wegen des Wassers, darinnen wir ganze dreißig Tag gegangen und nie daraus kommen konnten, und dann von wegen großer Armut und Hungers, so wir auf dieser Reis ausgestanden und gelitten hatten; dazu hat auch nicht wenig Ursach geben, dass wir solch uns lästiges Wasser trinken mussten. Allda bei den Scherues, bei welchen ihr König wohnet, blieben wir vier Tag lang und wurden von diesen Scherues sehr wohl tractiert und unser fleißig gewartet, und hatte ihr König seinen Untertanen geordnet und ihnen befohlen, dass sie uns allen Bedarf reichen und geben sollten. So hatte unser jeder auf dieser Reis für sein Teil ungefähr bis an 200 Dukaten Wert erobert allein von den indianischen baumwollenen Mänteln und Silber, welches wir heimlich von ihnen um Messer, Paternoster, Scheren und Spiegel erkauft hatten.

65 Zwergpalme.

Kapitel 38

Nach solchem allen fuhren wir den Fluss wiederum abwärts zu unserm obersten Hauptmann Alvaro Nuñez. Demnach wir aber zu den Schiffen kamen, befahl dieser Oberster, wir sollten bei Verlust des Leibs und Lebens nicht aus den Schiffen gehen, kam auch selbst in eigner Person zu uns und ließ unsern Hauptmann Fernando de Rivero gefangen nehmen; er nahm auch uns Kriegsleuten alles das, so wir mit uns aus dem Land gebracht und erobert hatten, und war noch dazu über das alles willens, unsern Hauptmann Rivero an einen Baum henken zu lassen. Als wir aber solches, da wir noch in dem Rennschiff waren, vernahmen, machten wir neben andern guten Freunden, die wir auf dem Land hatten, wider gedachten unsern Obersten einen Aufruhr und sagten ihm unter Augen, er solle gedenken, unsern Hauptmann Fernando de Rivero frei und ledig zulassen, auch das Unsere, so er uns abgeraubt und mit Gewalt genommen, gänzlich zuzustellen; wo nicht, so wollten wir den Sachen anders tun.

Da nun Alvaro solchen Aufruhr von uns sah und unsern Zorn vernahm, ward er froh, dass er nur dazukäme, unsern Hauptmann ledig zu lassen; er stellte uns auch alles wieder zu, so er uns zuvor genommen hatte, und gab gute Wort aus, damit wir nur auch zufrieden blieben. Wie es ihm aber hernach ergangen, ist er wohl innen worden, wie hernach folgt.

Als nun solches geschehen und wieder Friede war, begehrte er an unsern Hauptmann Rivero und an uns, wir sollten ihm doch Bericht von demselben Land geben und wie es uns ergangen, weil wir so lang ausblieben. Darauf gaben wir ihm dermaßen Nachricht und Bescheid, dass er damit zufrieden war. Dass er aber uns, wie eben gesagt, so übel empfangen und das Unsere, so wir mit großer Müh gewonnen, erobert und zuwegen gebracht, hatte abgenommen, war die Ursach allein, dass wir sein Befehl nicht gehalten hatten. Denn er hatte uns ausdrücklich befohlen, wir sollten nicht weiter denn zu den Scherues ziehen und von ihnen noch zwei Tagesreisen weiter hinan, alsdann wieder umkehren und von allen Orten, da wir durchgingen, ordentlich Bericht geben. So waren wir aber von den genannten Scherues noch 30 Tagreisen weiter ins Land hinan gezogen.

Kapitel 39

Der Oberste Alvaro Nuñez wird wegen seines Stolzes von seinen Soldaten verachtet; er lässt die Surucusis ohne alle Schuld anbringen

---

Auf solchen unsern Bericht nahm sich unser oberster Hauptmann endlich vor, mit allem Volk wieder in das Land zu ziehen, da wir gewesen. Wir Kriegsleut aber wollten darein keineswegs einwilligen, sonderlich zu dieser Zeit, da das Land noch ganz voll Wassers war. So war auch für's ander eine Verhinderung, dass der Mehrteil des Volks, so mit uns auf der Reis bis zu den Orthuesen gewesen, von dem Gewässer, darinnen wir so lange Zeit gehen mussten, sehr schwach und krank war. Über das alles hatte dieser unser Oberster kein sonderlich Ansehen, noch große Gunst bei dem Kriegsvolk, denn er war ein Mann, der sein Leben lang kein Gewalt oder Regimen gehabt oder geführt hatte.

Also blieben wir zwei Monat lang bei den genannten Surucusis. Indem traf unsern Obersten ein Fieber, dass er krank darniederlag. Gleichwohl wäre nicht viel daran gelegen gewesen, wenn er schon diesmal gestorben wäre, da er schlechtes Lob bei uns allen hatte.

In diesem Land Surucusis habe ich keinen Indianer gesehen, der 40 oder 50 Jahr alt gewesen wäre. Habe auch Zeit meines Lebens kein ungesünder Land gesehen, denn es liegt in Tropico Capricorni, da die Sonn am höchsten steht. Ist gleich ein solch krank Land wie St. Thomas.[66] Allda bei den Surucusen habe ich auch den Wagenstern gesehen, Plaustrum oder Ursum Maiorem genannt. Denn wir hatten solchen Stern am Himmel verloren, als wir die Insel Santiago und die Isolas Virides[67] passierten. Nun befahl unser oberster Hauptmann in seiner Krankheit, es sollten sich 150 Christen rüsten und neben denselben 2000 Carios. Die schickte er mit vier Barketten auf vier Meilen zu der Insel Surucusis und befahl ihnen, sie sollten diese Völker alle totschlagen und gefangen nehmen, sonderlich aber diejenigen Personen, so 40 oder 50 Jahr alt wären, alle umbringen. Wie uns aber die genannten Surucusen vordem empfangen, ist zuvor berichtet. Was wir ihnen aber anjetzo lohnen und an Dank geben, werdet ihr in Kurzem erinnert werden; und weiß GOTT, dass wir in solchem ihnen groß Unrecht getan haben.

Als wir nun zu ihrem Flecken unbesorgter Ding ankamen, kamen sie uns entgegen aus ihren Häusern mit ihren Gewehr, Bögen und Pfeilen, doch friedensweise. Es erhob sich aber bald ein Lärmen zwischen den Carios und Surucusis. Demnach ließen wir Christen unsre Büchsen auf sie abgehen und brachten ihrer sehr viel um, fingen auch um die 2000 Mannsbild, Weiber, Knaben und Maidlein und nahmen alles, was sie hatten und was ihnen abzunehmen war, wie es denn in solchen Fällen pflegt zuzugehen. Kehrten danach wieder zu unserm Obersten, welcher mit solcher Verrichtung wohl zufrieden war.

Nachdem nun unser Volk zum größern Teil schwach, auch zum Teil wider genannten Hauptmann sehr unwillig war,

66 Anspielung auf das „kranke Land“ St. Thomas unklar.
67 Vermutlich die port. Azoren.

konnten wir mit ihnen nichts ausrichten, fuhren demnach sämtlich den Fluss Paraguay abwärts und kamen zu unsrer Stadt Asuncion, allda wir die andern Christen gelassen hatten. Allda lag unser Hauptmann wiederum krank am Fieber und blieb 14 Tag lang im Haus; doch geschah es mehr aus Schalheit und Hoffart denn aus Schwachheit, dass er dem Volk nicht zusprach, sondern sich gegen dieses ungebührlich erzeigt hatte. Denn ein Herr oder Hauptmann, der ein Land regieren will, muss sowohl gegen den Geringsten als auch den Höchsten sich sanftmütig erzeigen und guten Bescheid ausgeben. Und es will einem solchen Mann wohl anstehen, dass er sich also halte und erzeige, als er von andern will geachtet und wohl gehalten sein, und dass er auch weiser und klüger sei als andere, über die er gebieten soll. Denn es steht sehr übel, dass einer in Ehren und nicht in Weisheit erhaben sein und emporschieben will. Es soll sich auch keiner wegen seiner Hochheit aufblasen und andere dadurch verachten, gleichwie die ruhmredige und stolze Kriegsgurgel Thraso im *Eunuchen* des Terenz. Denn ein jeder Hauptmann ist wegen seiner Kriegsknecht und nicht die Kriegsleut von des Hauptmanns wegen aufgenommen worden.[68]

68 Schmidel zeigt sich hier als humanistisch geprägter Staatsbürger.

Kapitel 40

Alvaro Nuñez Cabeza de Vaca, der Hispanier Oberster, wird von seinen Leuten gefangen und der Kaiserlichen Majestät in Hispanien zugesandt. Martín Domingo de Ayola wird zum Obersten erwählt

---

Dieweil aber bei diesem Obersten kein Respekt der Person war, sondern er in allem Dingen seinen stolzen und eigensinnigen Kopf nachsetzen wollt, beschloss die ganze Communidad, Edel und Unedel, in ihrem Rat und Versammlung, sie wollten diesen ihren Obersten Alvaro Nuñez Cabeza de Vaca gefangen nehmen, und Ihrer Kaiserlichen Majestät zuschicken, und dabei Ihrer Majestät seine schönen Tugenden referieren und anzeigen lassen, wie er sich gegen uns verhalten und was er auch für ein Regiment seinem Stand nach geführet hätte, samt andern Ursachen mehr. Darauf verfügten sich solchem Contract nach diese drei Herrn, als Rentmeister, Mautner und Secretarius von der Kaiserlichen Majestät verordnet, welche mit Namen heißen Alonzo de Cabrero, Don Francisco de Mendoza und Garcia Vanegas, nahmen zu sich 200 Soldaten und fingen alsdann gedachten Alvaro, unsern obersten Hauptmann, da er sich dessen am wenigsten besorgete. Und geschah solches am Marcustag[69] anno 1543 im April. Wir hielten ihn ein ganzes Jahr gefangen, bis man ein Schiff, so man Caravella[70] nennet,

---

69 „Am Marcustag" = am 25. April 1543.

70 So wurden alle iberischen Segelschiffe genannt.

mit Proviant, Schiffsleuten und anderem, so der Bedarf auf dem Meer erfordert, zurüstete, auf welchem man alsdann den oft genannten Obersten samt andern zwei Herrn der Kaiserlichen Majestät nach Hispanien schickte.

Nach solchem erforderte die Sach, an dessen statt einen andern obersten Hauptmann, so das Land und Volk gubernierte, zu erwählen, welcher das Regiment so lang führte, bis die Kaiserliche Majestät einen andern verordnen würde. Darauf stand es uns für gut an, dass man Martín Domingo de Ayola, so vormals das Land regiert hatte, zum Obersten sollte erwählen, sonderlich auch dieweil das Kriegsvolk wohl mit ihm daran war. Damit war dann der größere Teil wohl zufrieden; es sind gleichwohl etliche darunter gewest, so des vorigen obersten Hauptmanns Freund waren, denen dieser neue nicht sonderlich gefiel; das achteten wir aber nicht hoch.

Zu dieser Zeit bin ich an der Wassersucht sehr krank und schwach darnieder gelegen, welches mir die Reis zu den Orthuesen verursachte, allda wir so lang im Wasser gehen mussten und dabei sehr große Armut und Hunger litten. Von solcher Reis sind unser 80 krank geworden, und nur 30 mit dem Leben davonkommen.

Kapitel 41

Christen miteinander uneinig; der Carios Ratschlag wider die Christen; die Jeperus und Batateis kommen den Christen zur Hilf

---

Als nun der Alvaro Nuñez nach Hispanien geschickt war, wurden wir Christen selbst miteinander zu Unfrieden, dass keiner dem andern etwas Guts gönnte. Schlugen demnach Tag und Nacht einander, und fing der Teufel gar unter uns zu regieren an, dass keiner vor dem andern sicher war. Solchen Krieg trieben wir selbst untereinander ein ganzes Jahr lang, geschah solches wegen des hinweg geschickten Alvaro.

Da nun die Carios, so unsere Freund gewesen, merkten, dass wir Christen selbst uneins und gegen einander so untreu und balgerisch wurden, ließen sie es sich sämtlich wohl gefallen. Machten derowegen unter sich einen Contract und Anschlag und hielten eine Versammlung, sie wollten uns Christen alle totschlagen und aus dem Land vertilgen. Aber GOTT der Allmächtige gab seinen Segen, dass deren Meinung und Ratschlag keinen Fortgang hatte.

Zu dieser Zeit war das ganze Land der Carios und anderer Nationen mehr auch die Ayagais wider uns Christen auf. Als wir nun solches vernahmen, mussten wir der Not halber miteinander Fried machen, stellten auch einen Frieden an mit anderen Nationen als den Jeperus und Batateis; diese beiden waren bei 5000 Mann stark, essen nur Fisch und

Fleisch, sind tapfere Kriegsleut zu Wasser und zu Land, ihre Wehren sind Dardes so lang als halbe Spieß, aber nicht so dick, und ist vorne daran gemacht ein Strahl von einem Feuerstein. Sie tragen auch unter dem Gürtel einen Prügel vier Spannen lang und vorne dran einen Kolben. Es hat auch jeder Indianer aus diesen Kriegsleuten zehn oder zwölf Hölzlein oder soviel einer will, die sind eine Spanne lang und haben vorne an der Spitzen einen breiten langen Zahn von einem Fisch, der heißt Palometa, siehet einer Schleie gleich; dieser Zahn schneidet wie ein Schermesser. Nun werdet ihr ferner hören, was sie mit solchem tun, und wozu sie ihn gebrauchen.

Zum Ersten streiten sie mit den obgemeldeten Dardes oder Spießen und laufen ihren Feinden nach, werfen ihnen den Prügel unter die Füß, dass er muss zu Boden fallen. Danach geben sie nicht weiter Achtung darauf, ob derselbe noch halb lebendig oder tot ist, sondern schneiden ihm von Stund an den Kopf ab mit dem erwähnten Zahn. Solches Abschneiden brauchen sie so geschwind, als sich einer aufs Baldest mit dem Leib mag umkehren oder umwenden; stecken danach gemeldeten Zahn unter die Gürtel, oder was einer sonst umhat.

Nun werdet ihr ferner hören, was sie weiter mit dem Menschenkopf fürnehmen und wozu sie ihn brauchen. Nämlich: Wann es nach einem Scharmützel die Gelegenheit hat, dass sie erzähltermaßen einen Menschenkopf zuhanden bringen, nehmen sie demselben die Haut samt dem Haar über die Ohren ab, lassen alsdann dieselbe dürr werden, machen solche hernach auf eine Stangen zu einem Gedächtnis als hierzuland ein Ritter oder Hauptmann ein Fähnlein hat und es in die Kirchen steckt.

Damit wir aber wiederum zur Hauptsachen kommen: Da kamen diese Kriegsleut Jeperus und Batateis zu uns bei 1000 streitbarer Mannen. Damit waren wir sehr wohl zufrieden.

Kapitel 42

Die Christen schlagen die Carios mit Hilfe der Jeperus und Batateis, erobern Froemidiere und Caraieba

---

Danach zogen wir aus Asuncion mit unserm obersten Hauptmann, 350 Christen und diesen tausend Indianern, damit ein jeder Christ drei Mann hätte, die auf ihn warteten, wie dann unser Hauptmann solches selbst alles ausgeteilt hatte; wir kamen auf drei Meilen Wegs, da unsere Feind, die Carios, im Feld lagen bei 15 000 Mann stark und hatten ihre Ordnung schon gemacht. Als wir nun auf eine halbe Meil zu ihnen kamen, wollten wir sie denselben Tag, dieweil wir sehr müd waren, nicht angreifen; zudem regnete es auch gar sehr. Derhalben verhielten wir uns in dem Holz, darinnen wir die selbige Nacht gelegen waren.

Des andern Tags zogen wir mit unsern Leuten gegen sie aus um sechs Uhr und kamen zu ihnen um sieben Uhr und schlugen miteinander bis um zehn Uhr.[71] Alsdann mussten sie fliehen und eilten zu einem Flecken auf vier Meilen Wegs, der heißt Froemidiere, welchen sie sehr fest und stark hatten zugericht. Der Carios Oberster heißt Machkaria. Es blieben in solchem Scharmützel auf der Feind Seiten tot bei 2000 Mann, von welchen dann die Jeperus die Köpf hinwegtrugen. So gingen auf unsrer Seiten, außer denen so beschädigt worden, zehn Christen darauf. Die Beschädigten

---

71 Passagen wie diese mit einer geradezu buchhalterischen Zeitgenauigkeit sind in der historischen Überlieferung selten zu finden.

schickten wir wieder zurück in unsre Stadt Asuncion. Wir aber liefen mit dem ganzen Haufen unsern Feinden nach zu ihrem Flecken Froemidiere, wo dann der Carios Oberster mit seinem Volk war. Dieser war umfangen mit drei Staketen oder hölzernen Zäun gleich wie eine Mauer. Diese Hölzer waren so dick als ein Mann, über der Erde drei Klafter hoch, und ein Mann tief eingeschlagen. Sie hatten auch Gruben zugericht, von denen auch schon gesagt worden, und in eine jede Gruben fünf oder sechs kleine Zaunstöcklein geschlagen, vorne zugespitzt wie eine Nadel. Dieser ihr Flecken war sehr stark und darin war viel Volks von streitbaren Mannen. Also lagen wir drei Tag davor, dass wir ihnen nichts tun oder abgewinnen konnten, doch gab GOTT endlich seine Gnad, dass wir ihrer mächtig wurden.

Wir machten große Rondella oder Schild von den Schafs- und Amida-Häuten; das ist ein groß Tier wie ein ziemlicher Maulesel, ist grau und hat Fuß wie eine Kuh, sehet sonst allenthalben einem Esel gleich, ist auch sehr gut zu essen und sind deren in diesem Land gar viel.[72] Die Haut ist eines halben Fingers dick. Solcher Rondella gaben wir jedem der Indianer von den Jeperus einen, und einem andern einen Haken in die Hand, und zwischen zwei Indianer stellte man einen Büchsenschützen. Solcher Rondellen oder Schild wurden an die 400 zugericht. Alsdann griffen wir

---

72 Von diesen „Schafen" schreibt der Jesuit José de Acosta, dass sie aus Peru stammen und *pacos* heißen. Es gibt domestizierte und wilde Pacos, erstere geben eine feine, die andern eine gröbere Wolle. Der Rücken hat eine Behaarung, die auch zum Reiten verwendet werden kann, doch laufen sie sehr langsam. Wenn die Pacos müde sind, drehen sie ihren Kopf zum Reiter hin und speien ihm ins Gesicht, werfen sich auf die Erde, wobei man sie aber gleich gar totschlagen sollte, und man nimmt ihnen dann am besten auch die Last ab.

den Flecken wieder an drei Orten an, und geschah solches zwischen zwei und drei Uhr vor Tag. Und ehe drei Stund vergingen, waren ihre drei Palisaden zerstört und gewonnen, und kamen wir mit allem Volk in den Flecken, schlugen viel Volks tot, und ward weder Mann, Weib noch Kinder verschont.

Doch kam der meiste Teil davon und waren in einen andern Flecken, Caraieba genannt, geflohen; derselbe lag 20 Meilen von Froemidiere. Diesen Flecken machten sie auch sehr stark, und war abermals eine große Menge Volks von den Carios beieinander versammelt und er lag an einem großen Wald, damit, ob's Sach wär, dass wir Christen diesen Flecken auch eroberten, sie den Wald zu ihrer Defension haben möchten, wovon hernach zu vernehmen ist.

Als nun wir Christen mit unserem Hauptmann Martín Domingo de Ayola und den vorgenannten Jeperus und Batateis unsern Feinden, den Carios, bis zu diesem Flecken nacheilten und endlich dahin kamen ungefähr um die fünfte Stund gegen Abend, fingen wir an, unser Lager auf dreien Orten gegen diesem Flecken zu schlagen und ließen einen verborgenen Haufen des Nachts in dem Walde wachen. So kamen uns auch zu Hilf von der Stadt Asuncion 200 Christen und 500 Jeperus und Batateis; denn es war uns viel Volks von Christen und Indianern bei zuerst genanntem Flecken beschädigt worden, so wir zurückschicken mussten, auf dass uns solches Frischvolk zukam, dass also unser in allem waren 450 Christen und 1300 Jeperus und Batateis.

Es hatten aber unsre Feind diesen Flecken Caraieba so fest und stark gemacht und dermaßen mit Palisaden oder Staketen und Schanzgruben versehen als zuvor keinen andern.

C 42
Froemidiere.

Sie hatten auch Instrument zugerichtet, die waren gemacht wie die Ratzenfallen, und wann solche nach ihrer Meinung wären gefallen, so hätte eines bis in 20 oder 30 Mann mögen erschlagen; und waren deren sehr viel bei diesem Flecken gemacht. Aber GOTT verhütet gnädiglich, dass ihnen dieser Fürschlag auch fehlete und zurückging; dem sei Lob und Preis gesagt.

Vor diesem Flecken Caraieba lagen wir vier Tag, dass wir ihnen nichts konnten abgewinnen, bis letztlich Verräterei, welche in aller Welt regiert, dazu kam. Denn es kam ein Indianer von diesen Carios, unsern Feinden, welcher ihr Oberster gewesen, dem auch der Flecken zugehörte, bei nächtlicher Weil in unser Lager zu unserm obersten Hauptmann Martín Domingo de Ayola. Dieser bat, man sollte seinen Flecken nicht verbrennen und verheeren, so wollte er uns Männer zugeben und Gelegenheit anzeigen, wie derselbe zu gewinnen sei.

Darauf verhieß ihm unser Hauptmann, es sollte ihm nichts Übles widerfahren. Demnach sagte dieser Carios und zeigete uns zweierlei Wege im Wald, da wir möchten in den Flecken kommen; so wollte er alsdann im Flecken Feuer anstoßen. Derweil sollten wir hineinstechen.

Als nun solches alles ordentlich fortging, kamen wir dadurch in den Flecken und wurde von uns Christen sehr viel Volks erlegt und umgebracht; und welche unter ihnen sich auf die Flucht begaben, liefen ihren Feinden, den Jeperus, in die Hand. Von denen wurden sie mehrerteils umgebracht und totgeschlagen. Ihre Weiber und Kinder aber hatten sie dies Mal nicht bei sich, sondern auf vier Meilen Wegs davon in einem großen Wald versteckt.

Kapitel 42

Das Volk, so noch in diesem Scharmützel davonkam, floh zu einem anderen obersten Indianer, der hieß Tabere, und der Flecken, darein sie flohen, hieß Juberic Sabaie und liegt 40 Meilen von dem Flecken Caraieba. Dahin konnten wir ihnen nicht nacheilen, denn sie hatten unterwegs alles verheert und verderbt, damit wir gar nichts zu essen fänden. Derhalben blieben wir in dem Flecken Caraieba vier Tag lang, heilten diejenigen, so wund waren, und ruhten solche Zeit über.

Kapitel 43

Wir kehren nach Asunción, rüsten uns, den Fluss hinauszufahren, erobern Juberic Sabaie. Tabere wird zu Gnaden aufgenommen

---

Nach solchem zogen wir wieder zu unsrer Stadt Asuncion, auf dass wir den Fluss möchten aufwärts fahren, um den jetzt bemeldeten Flecken Juberic Sabaie, da der Indianer Oberste Tabere seine Wohnung hatte, zu suchen.

Als wir nun wiederum in unsre Stadt Asuncion kamen, blieben wir allda 14 Tag, damit wir uns mit allerlei Munition und anderem Bedarf auf die Reis möchten rüsten, uns auch sonderlich mit Proviant versehen. So nahm unser Hauptmann auch wiederum frisches Volk von Christen und Indianern, denn es waren ihrer viel beschädigt und krank worden.

Danach, als wir allerdings gerüstet waren, zogen wir den Fluss Paraguay auswärts zu unsern Feinden mit neun Caravellen und 200 Kanus, auch 15 000 Indianern Jeperus; und ist von der Stadt Nostra Signora de Asuncion bis zu dieser Juberic Sabaie 46 Meilen, dahin dann unsre Feind, die von Caraieba, hingeflohen waren.

Auf dieser Reis kam auch zu uns der vorgenannte Oberste der Carios, so uns den Flecken Caraieba verraten hatte, und brachte mit sich 1000 Carios uns zu Hilf wider den genannten Tabere.

Da nun unser Hauptmann dieses Volk zu Wasser und zu Land alles beisammen hatte, zogen wir fort, bis dass wir kamen auf zwei Meilen zu den Juberic Sabaie, unsern Feinden. Da schickte unser Hauptmann Ayola zween Indianer von den Carios zu ihren Feinden in den Flecken und befahl ihnen anzuzeigen, die Christen ließen sie vermahnen und ihnen sagen, sie sollten wiederum heimziehen in ihr Land, ein jeglicher zu seinem Weib und Kindern, und sollten den Christen wiederum dienen und untertänig sein wie sie vor diesem auch getan hätten; wo nicht, so wolle er sie alle aus dem Land vertreiben.

Auf solches antwortete ihnen der Oberste von den Carios, Tabere genannt, sie sollten dem Hauptmann der Christen anzeigen: sie kennten weder ihn noch die Christen, und wir sollten nur kommen, so wollten sie uns Christen mit Beinen totwerfen. Schlugen auch unsre zween abgesandte Indianer mit Prügeln sehr übel und sagten zu ihnen, sie sollten sich nur bald aus ihrem Lager packen, oder sie wollten sie gar totschlagen. Als nun diese zwei Carios zu unserm Hauptmann kamen und ihm anzeigten, wie es ihnen ergangen wäre und was man ihnen zur Antwort geben hätte, war unser Hauptmann alsbald mit allem Volk auf und zog mit aller Gewalt auf diesen Tabere und die Carios zu; wir machten auch unsre Ordnung und teilten das Volk in vier Haufen.

Darauf kamen wir zu einem fließenden Wasser, das heißt in der Indianersprache Stuesia, ist so breit als bei uns die Donau, einen halben Mann tief, auch an etlichen Orten tiefer, und wird je zu Zeiten solcher Fluss sehr groß und tut großen Schaden im Land, dass man alsdann über Land nicht reisen kann, so es sich dermaßen ergießt.

Als wir nun diesen Fluss mussten passieren und unsere Feind auf der andern Seiten des Wassers ihr Lager hatten, taten sie uns im Hinüberpassieren sehr großen Schaden und

Widerstand, dass, wenn wir ohne des Allmächtigen GOTTes sonderbare Schickung und Gnad und ohne unser Geschütz gewesen, unser keiner mit dem Leben davon kommen wäre. Also gab GOTT der Allmächtige seine Gnad, dass wir durch seinen Segen den Fluss passierten und auf das andere Land kamen.

Als die Feinde sahen, dass wir über den Fluss gekommen waren, flohen sie alsbald zu ihrem Flecken, welcher eine halbe Meile davon weg liegt. Als wir solches sahen, eilten wir ihnen mit all unserm Volk gar geschwind nach, dass wir fast ebenso bald wie sie zu ihrem Flecken Juberic Sabaie kamen und belagerten denselben, dass sie weder aus noch ein konnten. Rüsteten uns danach von Stund an mit unsern Rondellen oder Schilden von Amiden-Häuten und mit Haken, wie zuvor gehört. Also lagen wir nicht länger vor genanntem Flecken als vom Morgen bis zum Abend, da gab uns GOTT der Allmächtige Gnad, dass wir sie überwältigten und ihre Meister wurden; nahmen den Flecken ein und erschlugen viel Volks.

Doch befahl unser Hauptmann, ehe dann wir's angriffen, wir sollten weder Weiber noch Kinder umbringen, sondern dieselben allein gefangen nehmen, welches wir auch getan haben und seinem Befehl nachkamen; die Männer aber, so wir erwischten, haben alle sterben müssen, doch kamen ihrer noch viel davon. Unsere Freund, die Jeperus, brachten bei tausend Köpfen von unsern Feinden, den Carios, mit sich.

Als solches alles vollendet war, kamen diejenigen Carios, die davongekommen waren, samt ihrem Obersten und baten unsern Hauptmann um Gnad, damit ihnen ihre Weiber und Kinder wieder zugestellt würden, so wollten sie wieder unsre guten Freund sein wie zuvor und mit allem Fleiß dienen. Das sagte ihnen unser Hauptmann zu und nahm sie wieder zu Gnaden auf. Sind auch hernach unsre guten Freund blieben, so lang ich in dem Land gewesen. Es hat dieser Krieg mit ihnen anderthalb Jahr gewährt bis in das Jahr 1546.

Kapitel 44

Wir fahren wieder nach Asuncion, ziehen danach wieder ins Land, um Gold zu suchen

---

Fuhren danach wiederum nach unsrer Stadt Asuncion und blieben darinnen zwei ganze Jahr. Dieweil aber in solcher Zeit kein Schiff oder Post aus Hispanien gekommen ward, ließ unser Hauptmann Ayola dem Volk fürhalten, wann es dies für gut ansehe, so wolle er mit etlichem Volk in das Land ziehen und sehen, ob Gold oder Silber vorhanden wäre. Darauf antwortete ihm das Volk, er solle im Namen GOTTes fortziehen.

Darauf ließ er von den Spaniern zusammenrufen 350 Mann und fragte sie, ob sie mit ihm wollten ziehen, so wollte er sie mit Indianern, Rossen und Kleidern, auch allem andern Bedarf versehen. Auf solches erboten sie sich ganz willfertig mit ihm fortzuziehen.

Danach ließ er auch die Obersten der Carios zusammenfordern und ihnen zusprechen, ob sie mit ihm auf 2000 Mann stark ziehen wollten; dessen waren sie auch ganz willig und gehorsam.

Auf solche beider Parteien gute und freundliche Bewilligung machte sich genannter Oberster zwei Monat hernach auf und fuhr aus mit diesem Volk anno 1548 den Fluss Paraguay aufwärts mit sieben Caravellen und 200 Kanus. Das Volk aber, so nicht in die Schiff kommen mochte, ging zu Fuß über Land samt den 130 Pferden.

Und da wir zu Wasser und zu Land alle zusammen kamen bei einem großen runden hohen Berg San Fernando genannt, allda die vorgenannten Baiembos wohnen, da gebot unser Hauptmann, fünf Caravellen und die Kanus wieder zurück nach der Stadt Asuncion zu führen. Die anderen zwei Caravellen ließ er allda bei San Fernando mit 50 Spaniern. Denen ordnete er einen Hauptmann zu, der hieß Don Francisco Mendoza; er ließ ihnen Proviant und andern Bedarf auf zwei Jahr, und hieß sie allda warten, bis er wiederum aus dem Land käme, und sie sollten allda ihrer fleißig wahrnehmen, damit ihnen nicht auch widerführe, wie es dem Herrn Juan de Ayola ergangen und seinen Mitgesellen, so von diesen Baiembos so schändlich umgebracht worden.

Nach solchem zog unser Hauptmann mit 300 Christen, 130 Pferden und 2000 Carios fort, und zogen acht Tag lang, dass wir kein Volk fanden. Am neunten Tag fanden wir eines, deren Stämme heißen Naperus, haben anders nichts zu essen als Fisch und Fleisch;[73] ist ein langes und starkes Volk und tragen die Weiber ihre Scham bedeckt, sind aber nicht schön.

Von genanntem Berg San Fernando bis daher sind es 36 Meilen. Allda blieben wir über Nacht, zogen danach wieder fort und kamen am vierten Tag zu einem Volk, deren Stämme heißen Maipais; ist eine große Menge Volks, ihre Untertanen müssen ihnen arbeiten und fischen und was ihnen sonsten zu tun geschafft wird, gleichwie allhier

73 Das häufigste Stereotyp bei Schmidels Ethnographie: „… *haben anders nichts zu essen als Fisch und Fleisch.*“

die Bauern einem Edelmann unterworfen sein.[74] Dieses Volk hat großen Vorrat an türkischem Korn, Mandiok, Mandiok pepira, Mandiok poropi, Batates, Mandi und andere Wurzeln mehr, so zu essen tauglich. Haben auch Hirschen, indianische Schaf, Straußen, Enten, Gäns, Hühner und ander Geflügel mehr.

Es stehen auch die Wälder voll Honig, daraus man Wein macht, auch solchen zu andrem Zweck braucht. Und je weiter man ins Land ziehet, je fruchtbarer man dasselbe findet. So haben sie auch das ganze Jahr türkisch Korn auf dem Feld, auch andere der oben benannten Wurzeln.

Die Schaf, so sie Amida nennen, deren sie zweierlei Sorten, heimische und wilde, haben, brauchen sie wie wir allhier die Ross zum Führen und Reiten, dann ich selbst bin einmal auf dieser Reis, als ich an einem Schenkel krank war, weiter dann 40 Meilen auf einem solchen Schaf geritten. So führet man in Peru die Güter darauf, eben wie bei uns mit den Saumrossen.[75]

Diese Maipais sind lange, gerade streitbare Leut die all ihre Müh und Fleiß zu Kriegssachen anwenden. Deren Weiber sind schön und an der Scham bedeckt; die arbeiten nichts auf dem Feld, sondern der Mann muss allein für die Nahrung sorgen, tun auch im Haus nichts anderes denn Spinnen und Wirken von Baumwollen; auch machen sie zu essen und tun ander Ding, was sonst dem Mann be-

74 Die Praxis der Knechtschaft war auch unter den Indios Südamerikas in der Tat geläufig – vor allem bei den Kazikaten der Omáguas im Norden, die bis oben hinauf in das Gebiet des heutigen Kolombiens und Venezuelas verbreitet waren und viele andere, kleinere Völker einer Art Tributknechtschaft unterwarfen.

75 S. o. Fußnote 72 („pacos“).

liebt und anderen guten Gesellen mehr, wann sie darum gebeten werden; denen sind sie willig und dienstbar, davon aber allhier nit weiter zu schreiben. So mag auch, wer es nit glauben will, hineinziehen und selbst sehen, wird es nit anders finden.

Als wir nun auf eine halbe Meil Wegs zu dieser Nation kamen, zogen sie aus ihren Flecken uns bis in ein klein Flecklein entgegen. Sprachen unsern Hauptmann an, wir sollten die Nacht in genanntem Flecken bleiben und ausruhen, so wollten sie uns alles bringen und reichen. Sie taten aber solches allein aus Schalheit und Betrug, und schenkten auch zu ihrer Versicherung unserm Hauptmann vier silberne Kronen, so man auf dem Kopf trägt, gaben ihm auch noch sechs Plantschen Silber, deren jede anderthalb Spannen lang und eine halbe Spanne breit gewesen; solche Plantsche binden sie an die Stirn als eine Zier, wie denn kurz hieroben auch davon gesagt worden. Sie schenkten auch unserm Hauptmann drei schöne Metzen oder Frauen, die nicht alt waren.[76]

Als wir nun in diesem Flecken reposierten,[77] teilten wir nach dem Nachtessen die Wacht aus, damit dennoch das Volk vor dem Feind versorgt wäre, und legten uns alle dann zur Ruhe schlafen. Als es nach Mitternacht war, hatte unser Hauptmann seine drei Metzen verloren, vielleicht darum, weil er sie nit alle drei zufrieden stellen konnte, dann er war ein Mann bei 60 Jahren; sie mochten vielleicht, wann er sie

---

76 Die gastfreundschaftliche Praxis der Tupi-Guaranis, unverheiratete Frauen ihren Gästen als „Geschenk" anzubieten, ist von mehreren zeitgenössischen Autoren überliefert.

77 „Reposieren" = sich ausruhen, rasten.

PACOS oder AMIDA

n Indianisch Schaff.

Cap 44

uns Knechten gelassen hätte, nicht davon gelaufen sein.[78] Derentwegen erhob sich gleichwohl ein großer Aufruhr im Lager, und sobald der Morgen anbrach, ließ unser Hauptmann umschlagen, dass sich ein jeder bei seinem Quartier mit seiner Wehr sollte finden lassen.

---

78 Humorvoller, spitzbübischer Kommentar von Schmidel über die fehlende Potenz des Hauptmannes – fast nach der Art seines Zeitgenossen „*Simplicissimus*" von Grimmelshausen.

Kapitel 45

Von den Völkern Maipais, Zemie, Tohannos, Payonas, Mayegonas, Morronnos, Paronios und Saymanos

Vorgenannte Maipais kamen nach diesem in 2000 Mann stark und wollten uns überfallen; sie gewannen aber nicht viel an uns, und blieben in solchem Scharmützel derselben bei 1000 Mann tot; darauf flohen sie davon und wir eilten ihnen nach bis zu ihrem Flecken, fanden aber nichts darin, auch weder Weib noch Kind. Da ordinierte unser Hauptmann von Büchsenschützen 150 Mann und 2500 Indianer Carios, und zog damit den Maipais drei Tag und zwei Nächt gar eilend nach, dass wir nie rasteten denn allein zu Mittag, wann wir aßen, und zur Nacht ruheten wir etwa vier oder fünf Stund.

Also fanden wir am dritten Tag die Maipais beieinander, Mann, Weib und Kind, in einem Wald, aber sie waren nit die rechten, sondern derselben Freund. Diese sorgeten sich unser gar nicht, hatten auch nie vermeint, dass wir zu ihnen kommen würden, und mussten demnach die Unschuldigen der Schuldigen entgelten; denn als wir zu ihnen kamen, schlugen wir deren viel tot und nahmen gefangen Mann, Weib und Kind bis an die 3000 Personen; und wann es sowohl wäre Tag als Nacht gewest, wäre ihrer keiner davon kommen, denn es war dies Volk auf einem Berg beieinander, welcher rings herum mit Holz umwachsen war. Ich habe für meine Person in diesem Scharmützel bei 19 von Manns- und Weibsbildern, welche nit sehr alt waren, davongebracht, denn ich hab allezeit mehr Achtung auf die Jungen als auf die Alten gehabt, sonderlich auf die indianischen Maidlein und andere Sachen mehr, so ich zur Ausbeut bekommen.[79]

Nach solchem zogen wir wieder zurück nach unserm Lager und blieben allda acht Tage still liegen. Denn wir fanden daselbst eine gute und genügsame Unterhaltung. Zu dieser Nation der Maipais sind es von dem Berg San Fernando, allda wir die Schiff stehen lassen, 50 Meilen und von den Naperus 36 Meilen Wegs.

Nach diesem zogen wir weiter und kamen zu einem Volk, das heißt Zehmie, sind der vorgenannten Maipais Untertanen, gleich wie hier zu Land die Bauern hinter ihren Herrschaften sesshaft sein.

Auf diesem Weg fanden wir viel gebaute Felder mit türkischem Korn, Wurzeln und andern Früchten mehr, und findet man allda solche Frucht und Speis das ganze Jahr auf den Feldern; denn ehe man eines einbringt, ist das andere bereits zeitig und reift und wann dasselbige auch eingebracht wird, so ist hingegen ein anderes schon gesäet. Daher kommt es, dass man in diesem Land das ganze Jahr über neue Speis findet.

Nach diesem kamen wir zu einem andern Flecken; als aber die Inwohner uns ersahen, flohen sie alle davon. Allda blieben wir zwei Tag still liegen und fanden in demselben Flecken (welcher nur vier Meilen Wegs von den erstgenannten Maipais liegt) zu essen überaus genug.

Von dannen zogen wir in zwei Tag noch sechs Meilen und kamen zu einem Volk, das heißt Tohannos, da fanden wir

79 Krieg und Vergewaltigung sind ja bekanntermaßen unzertrennliche Übel – bis in unsere Tage hinein und überall.

kein Volk, aber zu essen gar genug. Diese Völker sind auch den Maipais untertänig. Von dannen zogen wir abermals vier Tag lang, dass wir an der Straßen kein Volk fanden; aber am siebenten Tag kamen wir zu einer Nation, deren Völker werden Payonas genannt, und liegt von den erstgenannten Tohannos 14 Meilen. Allda war viel Volks beieinander und kam derselben Oberster uns entgegen in Friedensweis mit viel Volks und bat unsern Hauptmann, wir sollten nicht in ihren Flecken hineinziehen, sondern sollten an demselben Ort, da sie uns waren entgegengekommen, heraußen bleiben. Aber unser Hauptmann wollte nicht darein willigen, sondern wir zogen stracks in den Flecken hinein, es wäre ihnen gleich lieb oder leid. Da fanden wir genug zu essen von Fleisch als Hühner, Gäns, Hirsche, Schaf, Straußen, Papageien, Karnickel und dergleichen. Und will ich allhier nicht melden von dem türkischen Korn, auch viel anderen Wurzeln und Früchten, deren ein Überfluss im Lande war. Es war aber nit viel Wasser, auch weder Gold noch Silber; so durften wir diesmal nicht sehr danach fragen, von wegen der andern Völker, so wir noch zu besuchen hatten, damit dieselben nicht flöhen.

Bei diesen Payonas blieben wir drei Tag lang, und befragte sich unser Hauptmann bei ihnen dieses Landes Art halber. Von denen zogen wir weiter neben einem Dolmetscher, welchen sie uns zugaben, den Weg zu weisen, damit wir Wasser zu trinken finden möchten. Denn in diesem Land ist großer Mangel an Wasser. Und kamen nach vier Meilen zu einem Volk, das heißt Mayegonas; allda blieben wir einen Tag und nahmen von denselben wiederum einen Dolmetscher und Wegweiser mit uns. Diese Leut waren willig und gaben uns allen Bedarf.

Danach zogen wir abermals acht Meilen und kamen zu einem Volk, deren Stämme nennet man Morronnos, deren es eine überaus große Menge war; die empfingen uns auch gar wohl, und wir blieben bei ihnen zwei Tag, nahmen Relation und Bericht vom Land ein, auch einen Dolmetsch, der uns den Weg weisete.

Von dannen reiseten wir hernach noch vier Meilen Wegs und kamen zu einem kleinen Volk, deren Stämme nennet man Paronias, diese haben nicht viel zu essen, sind aber an die 3 bis in 4000 streitbarer Mannen stark; bei denen blieben wir einen Tag still liegen.

Von diesem Ort reiseten wir zwölf Meilen, da kamen wir zu einem Volk, dessen Stämme werden Symanos genannt; allda war eine sehr große Menge Volks beieinander, und liegt ihr Flecken, allda sie wohnen, auf einem hohen Berglein. Solcher Flecken ist mit einem Dornenwald gleich als mit einer Mauer umfangen. Diese empfingen uns mit ihren Bogen und Pfeilen und gaben uns Dardos zu essen. Aber ihre Hoffart währet nit lang und sie mussten den Flecken bald verlassen. Aber sie brenneten denselben vorher ab. Doch fanden wir auf dem Feld genug zu essen.

Kapitel 46

*Von den Barkonos, Leyhanos, Cachconnos,
Siberis und Paisennos*

Von diesen Völkern zogen wir in vier Tagen 16 Meilen und kamen zu einer Nation, deren Völker heißen Barkonos; diese besorgten sich unserer Ankunft nicht, derhalben begannen sie erst zu fliehen, als wir zunächst ihrem Flecken waren; sie mochten uns aber nicht entweichen. Da begehrten wir an sie, dass sie uns sollten zu essen geben; dessen waren sie willig und brachten uns Hühner, Gäns, Schaf, Straußen und Hirschen und anderen Bedarfs mehr, damit wir wohl zufrieden waren. Wir verharrten bei ihnen vier Tag lang und nahmen von ihnen Bericht von diesem Land ein.

Von dannen kamen wir in drei Tagen zu einem Volk, deren Stämme werden Leyehanos genennet und liegt von dem vorigen Ort zwölf Meilen. Diese hatten nicht viel zu essen, denn die Heuschrecken hatten die Frucht im Grunde verderbt. Allda blieben wir allein über Nacht; wir zogen von dannen in vier Tagen 16 Meilen, da kamen wir zu einem Volk, dessen Stämme heißet man Cachconnos. Bei diesen waren die Heuschrecken auch gewesen, hatten ihnen aber nicht sonderlich Schaden getan wie am vorigen Ort; bei denen blieben wir einen Tag und nahmen Bericht wegen des Landes ein; darauf sagten sie uns, wir würden auf 24 bis 30 Meilen Wegs kein Wasser finden, bis wir zu einem Volk kämen, deren Stämme man Siberis hieße.

Zu diesen Siberis kamen wir in sechs Tagen; es starben aber von unserm Volk sehr viele vor Durst, unangesehen wir von den gemeldeten Cachconnos ziemlichen Vorrat von Wasser mit uns auf den Weg nahmen. Auf dieser Reis fanden wir an etlichen Orten eine Wurzel, die stehet oberhalb der Erden, heißt Cardo und hat große breite Blätter; darinnen bleibt das Wasser, so es regnet, und kann nicht heraus, verzehret sich auch nicht so bald, just als wenn es in einem Geschirr wäre, und kommt ungefähr eine halbe Maß in eine solche Wurzel.

Als wir zu dieser Siberis Flecken kamen, war es bereits zwei Stund in der Nacht; da begehrten sie mit Mann, Weib und Kind davonzuziehen und zu fliehen. Aber unser Hauptmann ließ ihnen durch einen Dolmetschen anzeigen, sie sollten in Fried und auf Geleit in ihren Häusern bleiben und dürften sich vor uns durchaus in nichts sorgen.

Diese Siberis hatten auch sehr großen Mangel an Wasser, haben doch sonst nichts anders zu trinken, und hatte es in dreien Monaten nicht bei ihnen geregnet; sie machten doch aus einer Wurzel, Mandioka pepira genannt, ein Getränk, nämlich also: Sie tun solche Wurzel in ein Mörser, zerstoßen solche, alsdann wird ein Saft daraus wie Milch; wann man aber Wasser hat, kann man aus dieser Wurzel auch Wein machen.[80]

In diesem Flecken war nur ein einziger Brunnen, darüber musste man eine Wacht verordnen, die aufs Wasser sähe und davon Bericht täte. Und ward mir befohlen, auf solche Wacht und Brunnen ein Aufsehen zu haben, damit einem

80 Gemeint ist das Maniok-Rauschgetränk *Cauim*, dessen Einnahme indes nicht allein als Genussmittel erfolgte, wie der Tafelwein in Europa, sondern festlich-religiösen Charakter hatte.

jeden das Wasser nach dem Maß ausgeteilet würde, wie von unserm Hauptmann geordnet war. Doch musste man großen Mangel an Wasser leiden, dass man derowegen wenig nach Gold, Silber und Essen fraget, sondern jedermann allein des Wassers wegen klagte. Durch solchen meinen Befehl erlangte ich bei jedermann sonderlich große Gunst, denn ich war damit nicht zu genau süchtig; doch sah ich daneben, dass dennoch wir selbst an Wasser nit Mangel litten.

Man findet sonst in diesem Land weit und breit kein fließend Wasser, als was die Cisternen halten. Es führen auch diese Siberis mit vielen andern Indianern Krieg wegen des Wassers.[81]

Bei dieser Nation blieben wir zwei Tag, dass wir nicht wussten, was wir anfangen sollten; warfen derowegen das Los auf diese zwei Weg: ob wir nämlich hintersich oder fürsich wollten. Aber das Los fiel auf das Fürsichziehen. Darauf fragete unser Hauptmann nach dem Land und was es sonsten für Gelegenheit darinnen hätt. Die gaben uns darauf Bericht, wir hätten sechs Tag zu reisen, so kämen wir zu einem Volk, deren Stämme nennet man Paisennos, und wir würden unterwegs von den vorgenannten Cardos und zwei Wässerlein finden, so zu trinken taugten.

Darauf machten wir uns auf die Reis und nahmen mit uns etliche von diesen Siberis, welche uns den Weg mussten weisen. Als wir nun auf drei Tagreis von ihren Flecken

81 Diese Darstellung von indianischen Kriegen wegen Wassermangels verblüfft. Von Kriegen wegen Wassermangels in dieser an großen Flüssen reichen Region, was absurd klingt, berichtet kein anderer Autor in der Überlieferung. Schmidel bleibt uns den Beweis hierfür schuldig.

waren, flohen diese Siberis, so uns zugegeben waren, den Weg zu weisen, bei der Nacht davon, dass wir ihrer keinen mehr sahen. Mussten also diesen Weg selbst ferner suchen und kamen endlich zu den Völkern Paisennos; die stellten sich zur Wehr und wollten unsere Freunde nicht sein. Sie erhielten aber nicht viel an uns, sondern wurden durch die Gnad GOTTes überwunden; und als wir ihren Flecken einnahmen, flohen sie davon. Doch fingen wir in solchem Scharmützel etliche Paisennos, die zeigten uns an, dass sie in ihrem Flecken drei Spanier hätten gehabt, darunter einer, mit Namen Jeronimo, ein Trompeter gewesen, welche Juan de Ayolas, als er von Don Pedro de Mendoza dieses Land zu besehen dahin geschickt war, hinter sich krank gelassen. Solche drei Spanier hatten die eben genannten Paisennos umgebracht vier Tag vor unsrer Ankunft, als sie deren von den Siberis erinnert worden. Dessen mussten sie aber hernach wohl entgelten. Also lagen wir 14 Tag lang in ihrem Flecken und suchten sie allenthalben um uns herum, bis wir sie endlich in einem Holz beieinander fanden, sie waren aber nicht alle allda. Diese, so wir antrafen, nahmen wir zum Teil gefangen, einen Teil erschlugen wir. Die aber, so wir gefangen hatten, zeigten uns alle Gelegenheit des Landes.

Kapitel 47

Von den Völkern Maigenos und Carcokies

Als nun unser Hauptmann satten Bericht von ihnen eingenommen und vernommen hatte, dass wir vier Tagreis oder Meilen Wegs zu einem Volk hätten, dessen Stämme man Maigenos nennete, machten wir uns auf den Weg und kamen zu den bemeldeten Völkern Maigenos. Die stelleten sich auch zur Wehr und wollten uns nicht zu Freunden aufnehmen; ihr Flecken lag auf einem Berglein, der war ringsherum mit Dornen umfangen, die sehr dick und breit waren, und war derselbe so hoch, als einer mit einem Rapier oder Degen reichen mag.

Also griffen wir Christen samt unsern Carios diesen Flecken an zween Orten an. Es wurden uns aber von diesen Maigenos zwölf Christen samt etlichen unserer Carios in solchem Scharmützel umgebracht und gaben uns, ehe wir den Flecken einnahmen, sehr viel zu schaffen.

Als sie aber sahen, dass wir bereits in ihrem Flecken waren, zündeten sie denselben selbst an und ergriffen alsbald die Flucht; des mussten ihrer etliche, wie wohl zu gedenken, die Haar lassen und ihrer Mitgesellen entgelten.

Nachdem, so machten sich über drei Tag hernach bei 500 unserer Carios heimlich auf, dass wir nichts davon wussten, nahmen ihre Bogen und Flitschen zu sich, zogen auf zwei oder drei Meilen von unserm Lager und kamen zu den geflohenen Maigenos; und schlugen sich diese zwei Völker dermaßen miteinander, dass von den Carios mehr denn 300 Mann umkamen, aber von ihren Feinden, den Maigenos, unzählig viel Personen, so nicht zu beschreiben ist, denn es waren ihrer so viel, dass sie eine ganze Meil Wegs einnahmen.

Also schicketen unsre Carios eine Post zurück in den Flecken und ließen unsern Hauptmann gar hoch bitten, er sollte ihnen zur Hilf kommen, denn sie lagen in einem Wald dermaßen von den Maigenos belagert und umgeben, dass sie weder hinter sich noch für sich konnten.[82]

Da unser Hauptmann solches vernahm, säumte er nicht lang, ließ die Pferd und 150 Christenmann und 1000 Carios zusammenrufen; das andere Volk aber musste im Lager bleiben und dasselbe verwahren, damit nicht in unserm Abwesen unsere Feind, die Maigenos, dareinfielen; zogen darauf hinaus den andern Carios zu Hilf. Sobald aber die Maigenos uns sahen und vermerkten, hoben sie ihr Lager auf und flohen balde davon; und ob wir ihnen auch stark nachtrachteten, konnten wir sie doch nicht ereilen. Wie es aber ihnen letztlich ergangen sei, als wir wieder zurück gezogen, werdet ihr hernach vernehmen.

Also kamen wir zu den Carios, unsern Freunden; deren als auch unserer Feind, der Maigenos, fanden wir sehr viel tot, dass wir uns nicht wenig darob verwunderten; aber die Carios, so noch im Leben, waren unserer Ankunft, und dass wir ihnen zu Hilf kommen waren, sehr froh. Danach zogen wir samt ihnen wieder in unser Lager und blieben allda vier

82 Auf dieser Phase der Expedition erweist sich die Allianz zwischen Schmidels Truppen und den zahlenmäßig stark präsenten *Carijós* als entscheidend für die militärischen Erfolge der Spanier. Die Indios leisten als militärische Vorhut eine unverzichtbare, wenn nicht gar die *ganze* Arbeit für die nachrückenden Spanier.

Tag lang, denn wir fanden in diesem Flecken der Maigenos vollauf zu essen und allen andern Bedarf.

Nach solchem stand es uns sämtlich für gut an, unsre fürgenommene Reis, dieweil wir auch die Gelegenheit des Lands ziemlich in dieser Zeit erfahren hatten, ins Werk zu setzen. Machten uns derowegen auf und zogen 13 Tag lang, welches ungefähr unsers und sonderlich deren, so in des Himmels Lauf erfahren sind, Erachtens nach, 52 Meilen sein mag, zu einem Volk, dessen Stämme nennet man Carcokies.

Als wir aber die ersten neun Tag auf dieser Reis waren, kamen wir zu einem Land, welches sechs Meil Wegs weit und breit war, darauf war anders nichts denn lauter gutes Salz, so dick, als ob es geschneit hätte. Solches Salz bleibt Sommer und Winter gut.

Bei diesem salzigen Land blieben wir zwei Tag lang, dass wir nicht wussten, wo aus oder welchen Weg wir nehmen sollten, unsre fürgenommene Reis zu vollbringen; doch gab GOTT der Allmächtige seine Gnad, dass wir den rechten Weg fanden, und kamen also nach vier Tagreis zu genannten Carcokies; und als wir uns auf vier Meilen Wegs zu ihrem Flecken naheten, schicket unser Hauptmann 50 Christen und 50 Carios dahin, die sollten uns das Losament, also Wohnung bestellen.

Als wir nun in den Flecken kamen, fanden wir so eine unzählige Menge Volks beieinander, dergleichen wir auf dieser Reis noch nie gesehen hatten. Derhalben ward uns sehr Angst, und wir schickten einen von uns zurück und ließen unserm Hauptmann anzeigen, wie die Sach mit uns gestaltet war und dass er uns aufs Fürderlichste sollte zu Hilf kommen.

C. 47.

Maigenos.

Kapitel 47

Als unser Hauptmann solche Botschaft vernahm, machte er sich noch in selbiger Nacht auf mit allem Volk und kam morgens zwischen drei und vier Uhr zu uns. Aber die Carcokies wussten nicht, dass mehr Volks als vorigenmals vorhanden wäre, und vermeinten derhalben nicht anders, denn sie hätten uns gewiss überwunden. Nachdem sie aber vernahmen und sahen, dass unser Hauptmann mit mehr Volks hernach gekommen, waren sie sehr traurig. Erzeigten uns derhalben allen guten freundlichen Willen, denn sie konnten und mochten nicht weiter; so fürchteten sie auch ihrer Weib und Kinder und ihres Fleckens willen. Brachten uns Fleisch von Hirschen, Gänsen, Hühnern, Schafen, Straußen, Karnickel und ander Wildbret und Geflügel mehr, auch von türkischem Korn, von Weizen und Reis und andern Wurzeln, deren da ein Überfluss im Land ist.

Die Männer allda tragen auch in ihren Lippen einen blauen runden Stein, so breit als ein Brett-Stein sein mag; ihr Wehr und Waffen aber sind Dardos und Flitschen, dazu Rondellen, das sind Schilder von Amida-Häuten gemacht.

Ihre Weiber haben ein kleines Löchlein in die Lippen gemacht, darein sie einen grünen oder grauen Kristall stecken; auch tragen sie ein Diepol, der von Baumwollen gemacht ist, so groß als ein Hemd, hat aber keine Ärmel; sind schöne Frauensbilder, tun anders nichts denn nähen und haushalten, und muss der Mann allein das Feld bauen und um allen Bedarf besorgen.

Kapitel 48

Vom Fluss und Flecken Machkasies, so Peru am nächsten. Wie zwei von unsern Gesandten gen Potosi, Plata und gar gen Lima ziehen

---

Von dannen zogen wir weiter und nahmen etliche von den Carcokies mit, uns den Weg zu weisen; und als wir drei Tagreis von diesem Flecken waren, liefen dieselben wieder heimlich von uns. Doch vollendeten wir unsre Reis nichtsdestoweniger und kamen zu einem fließenden Wasser, das heißt Machkasies, welches anderhalb Meilen breit ist. Als wir dahin kamen, wussten wir keinen sicheren Pass darüber, doch erdachten wir einen Weg, dadurch wir möchten darüberkommen – nämlich dergestalt: Wir machten je zween und zween ein Flößlein von Holz und Reislein und fuhren darauf abwärts, bis wir auf die andere Seiten des Wassers kamen. In solchem Hinüberfahren ertranken unsres Volks vier Personen auf einem Flößlein. Dies Wasser hatte gute Fisch, und viel Tigertier[83] finden sich allda, und liegt nicht weiter denn vier Meilen von dem Flecken Machkasies.

Nachdem wir nun zu mehrfach genannten Machkasies auf eine gute Meile Wegs herzunaheten, kamen sie uns entgegen, empfingen uns sehr wohl und huben danach an, mit uns Hispanisch zu reden. Dessen erschraken wir erstlich gar sehr, fragten sie derowegen, wem sie unter-

---

83 Gemeint ist der Jaguar. Tiger gab es in Südamerika nicht.

tänig wären und was sie für einen Oberherrn hätten. Darauf zeigten sie unserm Hauptmann und uns an, sie gehöreten einem Edelmann in Hispanien zu, der hieß Pedro Anzures.

Als wir in ihren Flecken kamen, fanden wir ihre Kinder, auch etliche Männer und Weiber, die waren all verbissen von einem Ungeziefer, das sehet einem Floh gleich; wann dieses, reverenter zu melden, einem zwischen die Zehen oder sonst etwa am Leib ankommt, so frisst es sich hinein, dass endlich ein Wurm daraus wird, wie man sie in den Haselnüssen findet. Man muss aber solchem beizeiten zuvorkommen, dass es nicht Schaden tun mag; so man aber zu lang zuseht, frisst es einem endlich die Zehen ab, und wäre hiervon wohl viel zu schreiben, aber es wird allhier für unnotwendig geachtet.

Von oftgedachter unsrer Stadt Nostra Signora d'Asuncion ist über Land zu diesem Flecken nach der Astronomen Rechnung 372 Meilen Wegs.

Als wir allda bei zwanzig Tagen still gelegen, kam uns ein Brief aus Peru, von einer Stadt die heißt Lima, von der Kaiserlichen Majestät oberstem Statthalter oder Präsident, so damals der Licentiato Pedro de la Gasca[84] ist gewesen. Dieser hatte dem Gonzalo Pizarro neben vielen andern Edeln und Unedeln die Köpf abschlagen und etliche auf die Galeere schmieden lassen. (Nämlich aus der Ursachen, dass gemeldeter Gonzalo Pizarro selig dem Licentiaten de la Gasca nit untertänig sein wollt, sondern sich mit dem Land wider die Kaiserliche Majestät aufrührig machte. Darauf hat ihm eben der Presidente de la Gasca solchen Lohn geben.

84 Pedro de la Gasca (1494–1567), Vizekönig von Peru.

Wiewohl oft einer mehr tuet oder sich eines mehren Gewalt annimmt, denn er von seinem Herrn Befehl hat, wie es dann in der Welt zugehet. Ich glaub wohl, Kaiserliche Majestät hätte genanntem Gonzalo Pizarro das Leben gefristet, wenn ihn seine Majestät selbst hätt gefangen. Es hat ihm wehe getan, dass man ihm einen Herrn über sein Gut stellet, denn dieses Land Peru war billig vor Gott und der Welt dereinst gewesen des Gonzalo Pizarro, darum dass er solch reiches Land samt seinen Brüdern Marques Francisco und Hernando Pizarro zum Allerersten erfunden und gewonnen hat.[85]

Dieses Reich wird billig das *reich Land* genannt, denn aller Reichtum, den die Kaiserliche Majestät hat, der kommt aus Peru und aus Nova Hispania und Terra Firma. So ist aber der Neid und Hass so groß in der Welt, dass

---

85 Der Klan der Pizzarros ist für Peru das gewesen, was die Mendozas für Argentinien und die Ayolas für Paraguay waren: Pioniere der Conquista, die oft in der Kommandoebene als reine „Familiensache“ ablief.
Francisco, Gonzalo und Hernando Pizzarro waren Brüder und Eroberer von Peru. Francisco Pizzarro (1476–1541), ursprünglich ein mittelloser Schweinehirte aus der ärmlichen spanischen Provinz Extremadura, wurde nach seiner Ermordung des letzten Inka-Königs Atahualpa 1533 zum ersten spanischen Herrscher von Peru. Ihm ereilte indes einige Jahre später dasselbe Schicksal. Er wurde von einem Sohn seines erbitterten Konkurrenten Diego Almagro 1541 in seiner Residenz in Lima ermordet. Gonzalo Pizzarro (1502–1548) rebellierte nach dem Tod seines älteren Bruders Francisco und stürzte den amtierenden Vizekönig Blasco de Vela. Er wurde des Hochverrats angeklagt und 1548 von de Pedro la Gasca in Peru enthauptet. Hernando Pizzarro (1475–1557), der älteste der drei Brüder, nahm an der Eroberung von Peru an der Seite von Francisco aktiv teil, überlebte jedoch als Einziger und kehrte nach der Entmachtung der Familie Pizarro durch Pedro de la Gasca in die spanische Heimat zurück.

einer dem andern nichts Gutes gönnet; also geschah auch dem armen Gonzalo Pizarro, welcher ein König gewest und danach hat man ihm den Kopf lassen abschlagen. Gott sei ihm gnädig, es wär viel davon zu schreiben, aber die Zeit gibt's nicht).

Nun der vorgemeldete Brief lautet aus Befehl der Kaiserlichen Majestät also, dass unser Hauptmann Martin Domingo de Ayola mit dem Kriegsvolk bei Verlust des Leibes und Lebens nicht sollte fortziehen, sondern allda bei den Machkasies auf ferneren Bescheid warten.

Solches war aber dahin angesehen, dass der Gubernator besorget, wir mochten im Land einen Aufruhr wider ihn machen und uns vielleicht mit denen vereinigen, so es mit Pizarro gehalten und davon kommen waren und sich auf die Flucht geben hatten, wann wir in den Wäldern und Bergen zusammenkämen. Das wäre auch, da wir anders zusammen waren kommen, gewiss geschehen. Wir hätten den Gubernator zum Land hinaus getrieben.

Es machte aber genannter Gubernator einen Pakt mit unserm Hauptmann und tat ihm große Geschenk, damit er wohl zufrieden war und sein Leben davonbrachte. Es war aber diese verlaufene Handlung uns Kriegsleuten unbewusst. Denn wenn uns solches wissend gewesen wäre, hätten wir unserm Hauptmann alle Viere zusammengebunden und ihn nach Peru geführt.

Nach solchem schickte unser Hauptmann nach Peru zu dem Gubernator vier Gesellen, der erste war ein Hauptmann und hieß Nuflo de Chaves, der andere Unnate, der dritte hieß Michel Rute und der vierte Abaye de Rotua. Diese vier Gesellen kamen in anderthalb Monaten nach Peru, und zuerst zu einem Volk, das heißt Potosi, danach zu einem andern Volk, Cusco[86] genannt, das dritte heißt Ciudad de la Plata und das vierte die Hauptstadt Lima. Diese vier sind die vornehmsten und die reichsten Städt in Peru.

Da nun die vier Gesellen zu der ersten Stadt, Potosi genannt, in Peru kamen, blieben die zween als Michel Rute und Abaye de Rotua Schwachheit halber allda still liegen. Die andern zwei aber, Nuflo de Chaves und Unnate, saßen auf die Post und fuhren zu dem Präsidenten gen Lima. Der empfing sie sehr wohl und nahm von ihnen Bericht, wie es allenthalben im Land Rio de la Plata beschaffen. Befahl, sie zu kurieren und aufs Beste zu tractieren, schenkte auch jedem 2000 Dukaten. Danach befahl der Gubernator dem Chaves, er sollte seinem Hauptmann schreiben, dass er allda bei den Machkasis mit dem Volk bis auf weiteren Bescheid verzöge. Doch sollte er den Einwohnern nichts tun, auch nichts nehmen, außerhalb was von Speis war. Denn wir wussten wohl, dass Silbergeschirr bei ihnen vorhanden war; weil sie aber einem Spanier untertänig und untersässig waren, durften wir ihnen nichts tun noch etwas nehmen.

Es ward aber des Gubernators Post unterwegs von einem Spanier, Parnau genannt, niedergelegt; das geschah auf Befehl unsers Hauptmanns, denn er besorgte sich, es würde ein anderer Hauptmann aus Peru kommen, sein Volk zu gubernieren, wie dann auch schon ein anderer verordnet war. Darum schickte unser Hauptmann den genannten Parnau auf die Straßen und befahl ihm, wenn's Sach wäre, dass Briefe vorhanden, sollte er sie mit sich zu den Carios führen – als dann geschehen ist.

86 Cuzco ist kein Volk, sondern die ehemalige Hauptstadt des Inkareiches.

Kapitel 49

Von der Fruchtbarkeit Machkasis; wie wir wieder von dannen zurückziehen, da wir unsre Schiff gelassen hatten

Es ist auch hierbei zu bemerken, dass genanntes Land der Machkasis ein solch fruchtbar Land ist, desgleichen wir auf dieser ganzen Reis nicht gefunden noch gesehen haben. Denn wenn ein Indianer hinaus ins Holz oder Wald gehet und macht in den nächsten Baum, dazu er kommt, mit der Hacken ein Loch, so rinnet auf fünf oder sechs Maß Honig heraus, so lauter wie bei uns der Met. Die Bienlein aber sind gar klein und stechen nicht. Solcher Honig ist sehr gut mit Brot zu essen, auch in andrer Speis. Sie machen auch daraus ein Getränk oder Wein, der schmecket wie Met, ist aber besser und lieblicher zu trinken denn derselbe.

Unser Hauptmann Ayola richtet danach so viel bei dem Volk an, dass wir Proviant halber bei den Machkasis nicht länger bleiben konnten, denn wir hatten nicht auf einen Monat Proviant. Hätten wir aber gewusst, dass wir mit einem neuen Gubernator und mit Proviant versehen gewesen, so wären wir nicht zurückgezogen und wollten wohl Speis und Proviant gefunden haben. Und mussten wir also wieder zurück nach den Carcokies.

Da wir nun zu diesem Volk kamen, waren sie alle mit Weib und Kindern davongeflohen und besorgten sich vor uns; aber es wäre besser gewesen, sie wären in ihrem Flecken blieben. Es schickte unser Hauptmann alsbald andere Indianer zu ihnen und ließ ihnen anzeigen, sie sollten wieder in ihren Flecken kommen und sich vor uns nicht bös besorgen, und sollte ihnen kein Leid widerfahren. Aber sie wollten sich nicht daran kehren, sondern entboten uns wiederum zu, wir sollten uns aus ihrem Flecken machen. Wo nicht, so wollten sie uns mit Macht und Gewalt daraus vertreiben. Als wir nun solches vernahmen, machten wir bald unsere Ordnung und zogen wider sie. Doch waren etliche unter uns Kriegsleuten der Meinung, schickten auch deswegen an den Hauptmann und ließen ihm sagen: es wäre unser Rat und Gutdünken, er solle nicht wider sie ziehen, denn es mochte großen Mangel und Nachteil im Land bringen. Ob Sach wäre, dass man von Peru nach Rio della Plata ziehen müsste, würde man alsdann kein Proviant haben.

Allein unser Hauptmann und die Gemeine wollten in unsern Vorschlag nicht verwilligen, sondern kamen dem zuvor genannten Anschlag nach und zogen wider die genannten Cacokie; und als wir auf eine halbe Meile Wegs zu ihnen kamen, hatten sie ihre Lager unter zween Bergen und Hölzer geschlagen zu beiden Seiten, ob's Sach wäre, dass sie überwunden würden, dass sie uns desto leichter möchten entweichen.

Aber es kam ihnen solches zu schlechter Beorderung, denn alle diejenigen, die wir erlangten, mussten Haare lassen, also dass wir in solchem Scharmützel bis an 1000 Mann gefangen nahmen, ohne die, so wir umbracht hatten von Mann, Weib und Kindern. Danach blieben wir zwei Monat lang in diesem Flecken, welcher so groß war, als wären sonst fünf oder sechs Flecken beieinander.

Also zogen wir fortan bis zu dem Flecken bei dem Berg San Fernando, da wir die zwei vorgenannten Schiff gelassen hatten. Wir waren anderthalb Jahr auf dieser Reis, dass wir anders nichts taten, denn nur einen Krieg über den andern führen, und hatten von Weib, Mann und Kindern auf dieser Reis bis an 12 000 Menschen bekommen, die mussten unsre Leibeignen sein; und habe ich für meine Person von Weib, Mannen und Kindern an die 50 Personen überkommen.

Als wir zu den Schiffen kamen, zeigte uns das Volk, so wir auf diesen Schiffen bei dem Berg San Fernando gelassen hatten, an, was sich in unserm Abwesen zwischen einem Hauptmann mit Namen Diego de Abrigo, welcher von Sevilla aus Spanien war, einesteils und dem Hauptmann Don Franzisco de Mendoza, welchen unser Oberster Martín Domingo de Ayola zu den Schiffen und demselben Volk zu einem Hauptmann verordnet hat, dieselben an seiner statt zu regieren, andernteils zugetragen hat. Wie die einen großen Lärmen hatten angefangen, also dass genannter Diego de Abrigo nur wollte regieren, so wollte ihm solches Don Franzisco de Mendoza als bestellter Hauptmann und Amtsverwalter, von dem Obersten dazu verordnet, nit nachgeben; indem hub sich der Bettlerstanz zwischen ihnen an, dass zuletzt Diego de Abrigo das Feld behielt und ließ dem Don Franzisco de Mendoza den Kopf abschlagen.

Kapitel 50

Hauptmann Diego de Abrigo ist dem Obersten Ayola widerspenstig. Der Autor bekommt ein Schreiben aus Deutschland

---

Nach solchem machte er ein Lärmen im Land und nahm sich vor, wider uns zu ziehen; machte sich zuvor stark in der Stadt Asuncion. Unterdessen aber kamen wir mit unserm obersten Hauptmann Martín Domingo de Ayola vor die Stadt; Abrigo wollte aber uns und unsern Hauptmann nicht einlassen oder die Stadt aufgeben, viel weniger ihren obersten Hauptmann für seinen Oberherrn erkennen.

Nachdem unser Hauptmann solches vernommen, belagerten wir die Stadt Asuncion mit aller Macht. Als aber das Kriegsvolk so in der Stadt war, den Ernst von uns ersah, kamen sie täglich zu uns heraus ins Feld und baten unsern Hauptmann um Gnad. Als solches der genannte Diego de Abrigo an seinem Volk merkte und sah, dass er ihnen nicht allerdings trauen durfte, sich auch zu besorgen hatte, wir möchten etwa bei nächtlicher Weil in die Stadt fallen und derselben etwa durch Verräterei mächtig werden (welches auch dann geschehen wäre): derhalben beratschlaget er sich mit seinen besten Gesellen und Freunden, so es noch mit ihm hielten, deren es ungefähr bei 50 waren, und zog mit denselben aus der Stadt. Die andern aber, so noch darinnen waren, kamen, sobald er hinweg war, gaben unserm Hauptmann die Stadt und baten um Gnad, welche ihnen unser

Hauptmann auch zusagte, und zog mit den Seinen in die Stadt.

Der genannte Diego de Abrigo aber floh mit den 50 Christen, so sich zu ihm gesellet hatten, auf 30 Meilen Wegs weit von uns hinweg, dass wir ihm nichts konnten abgewinnen; er unterstand sich doch, uns täglich Schaden zuzufügen, dass wir in die zwei ganze Jahr Krieg miteinander führten, dass diese zwei Hauptleut widereinander und wir beiderseits gegeneinander nit sicher waren. Denn Diego de Abrigo verharrte an keinem Ort in die Läng, war heute da, morgen anderswo, und wo er uns möchte Schaden zufügen, unterließ er's nicht und hielt sich durchaus einem Straßenräuber gleich. In summa, wollte unser Hauptmann in Ruhe sein, so musste er mit Diego Fried machen. Dazu fand er das Mittel, dass er seine zween Töchter des Diego zween Vettern verheiratete, deren der eine Alonzo Riquelme, der andre aber Francisco de Vergara hieß.[87] Als solche Heirat beschlossen war, hatten wir wiederum Fried.[88]

In solchem kam mir ein Brief aus Hispanien von Sevilla, welchen mir der Fugger Faktor Christoph Reiser[89] zuschickete; denselben hatte Sebastian Neithart[90] anstatt meines Bruders Thomas Schmidel seligen Angedenkens

87 Francisco Ortiz de Vergara, Gouverneur von La Plata (= Neu-Andalusien) von 1558–1569.

88 Heiratspolitik war also auch in der *Conquista* als Friedensmittel tauglich.

89 Christoph Reiser, ein deutscher Kaufmann, repräsentierte die Faktorei der Familie Fugger, eines Adelsgeschlechts aus Augsburg. Die Fuggersche Handelsgesellschaft war das Spiegelbild und die größte Konkurrenz der Nürnberger Welser (Fußnote 7). Sie finanzierte die *Conquista* und beteiligte sich am weltweiten Gewürzhandel.

90 S.o. Fußnote 6.

geschrieben: Wann es möglich wäre, solle man mir wieder zu Land helfen, welches dann genannter Christoph Reiser ungesparten Fleißes ausgericht, damit mir solche Brief worden sein, welche ich empfangen hab den 25. Iulii anno 1552.

Kapitel 51

Der Autor begehrt Urlaub, ziehet den Fluss Paraguay hinab und den Parana aufwärts

---

Sobald ich solche Brief gelesen hatte, begehrt ich von Stund an mit Fürweisung derselben von unserm Hauptmann Martín Domingo de Ayola einen freundlichen Urlaub, welches er gleichwohl erstlich nit tun wollt. Als ich aber meine langwierige schweren Dienst ihm erzählte, er sich auch selbst gutermaßen erinnern konnte, dass ich der Kaiserlichen Majestät in diesem Lande eine lange Zeit treulich gedient und in währender Zeit nicht geringe Gefahr und Not ausgestanden und gelitten, auch für ihn oftmals Leib und Leben gewagt und fürgestreckt und ihn niemals verlassen hatte, musste er sich dennoch bedenken und gab mir ehrlich Urlaub. Stellte mir auch Brief zu an die Kaiserliche Majestät, darinnen er derselben zu wissen täte und berichte, wie es im Land Rio della Plata stand und was sich darin solche Zeit über hin und wieder zugetragen hatte. Solche Brief habe ich ferner der Kaiserliche Majestät Räten in Sevilla, als ich da angelangt, überantwortet, auch dabei mündlichen Bericht getan und von diesen Landen allerhand guten Bescheid angezeiget.

Ich muss aber hier kürzlich meinen Abschied erzählen: Als ich alle meine Sachen auf den Weg zugerichtet und mich auf die Reis gerüstet, nahm ich von unserm obersten Hauptmann Martín Domingo de Ayola, auch von andern guten Gesellen und Freunden ein freundliches Urlaub. Ich nahm auch mit mir 20 indianischer Carios, die mir meinen Bedarf auf solche weite Reis (dass denn ein jedes wohl zu bedenken hat, was einer für einen solchen langen Weg bedarf) trügen.

Ehe ich aber wollte auf sein, kamen acht Tag zuvor etliche aus Brasilien und brachten Leitung, dass ein Schiff daselbst ankommen sein sollte von Lissabon aus Portugal, welches Herrn Johann Hülfen zugehörig wäre, einem Kaufmann in Lissabon, so des Erasmi Schetz Faktor zu Antorff war.

Als ich nun alle Gelegenheit wohl erforschet hatte, machte ich mich in dem Namen GOTTes des Allmächtigen am St. Stephanstag, welches ist der 26. Dezember, anno 1552 auf die Reis und zog aus Rio della Plata von der Stadt Nostra Signora d'Asuncion mit meinen 20 Indianern auf zween Kanus; und wir kamen erstlich über 46 Meilen Wegs zu einem Flecken, der heißt Juberic Sabaie. Allda in diesem Flecken kamen noch andere vier Gesellen zu mir, zween Spanier und zween Portugaleser;[91] dieselben hatten aber keinen Urlaub vom Hauptmann. Von dannen zogen wir miteinander und kamen über 15 Meilen zu einem Flecken, den nennet man Gebaretho.

Nach solchem zogen wir über vier Tagreis sechzehn Meilen zu einem Flecken, der heißt Baroie. Von diesem reisten wir in neun Tagen 54 Meilen, da kommen wir zu einem Flecken Barede genannt; allda blieben wir zween Tag still liegen und suchten, ob wir Proviant und Kanus könnten finden. Denn wir mussten 100 Meilen Wegs den Parana aufwärts fahren.

---

91 Portugiesen.

Danach kamen wir zu einem Flecken, der wird Gingie genannt; allda blieben wir vier Tag. Bis hierher zu diesem Flecken gehört das Land der Kaiserlichen Majestät zu und ist den Carios zuständig gewesen.

Kapitel 52

Der Autor Ulrich Schmidel verlässt den Fluss Parana, ziehet über Land, und was ihm bei den Tupis widerfährt

---

Nachdem hebt sich des Königs von Portugal, nämlich der Tupis Land an;[92] da mussten wir den Parana und die Kanus verlassen und zu den Tupis über Land ziehen, welches sechs Wochen lang währte, dass wir durch Wildnis, Berg und Tal ziehen mussten und ob der wilden Tieren nicht kecklich schlafen durften.

In diesem Volk essen die Menschen ihre Feinde, tun nichts anders, denn dass sie immerzu Krieg führen; und wenn sie ihren Feind überwinden, so geleiten sie die Gefangenen in ihren Flecken, gleich wie man bei uns die Hochzeiten eingeleitet. Wenn sie alsdann den Gefangen wollen umbringen oder schlachten, richten sie dazu einen großen Triumph an. Alldieweil er aber gefangen liegt, gibt man ihm alles, was er begehrt und wozu er Lust hat, es seien Weiber, mit denen er sein Sach mag haben, oder zu essen Speis, was sein Herz begehrt, bis die Stund kommt, dass er daran muss. Ansonsten haben diese Leut ihre sondere Wollust und Freud allein mit emsigen Kriegen.

Sie essen und trinken, sind Tag und Nacht voll und tanzen auch gerne, in summa: Sie führen dermaßen ein wildes und rohes epikureisch Leben,[93] dass es nicht genug-

---

92 Brasilien.

93 Epikureisch: hier in der Bedeutung *„den Sinnesfreuden erlegen"*. So missverstand die christliche Tradition die hedonistische Lehre des

sam auszusprechen und zu beschreiben ist. Ist ein stolzes hoffärtiges und übermütiges Gesindel. Machen sich Wein von türkischem Korn, davon sie sehr voll werden, als ob einer allhier den besten Wein trinket, so zu bekommen ist. Sie haben eine gleiche Sprach mit den Carios und ist gar eine kleine Differenz dazwischen.[94]

Von dannen kamen wir zu einem Flecken, heißt Carieseba;[95] darinnen wohnen auch Tupis, die führen Krieg wider die Christen, aber die zuvor Genannten sind der Christen Freunde.

Am Palmtag kamen wir auf vier Meilen nahe zu einem Flecken; allda ward ich gewarnt, wir sollten uns vor denen zu Carieseba hüten. Nun hatten wir diesmals großen Mangel an Proviant, doch hätten wir dessenhalben noch ein wenig weiterreisen mögen. Aber zween unserer Gesellen konnten wir nicht erhalten, sondern sie zogen über unser getreues Vermahnen in den Flecken. Nun verhießen wir ihnen, wir wollten ihrer warten, welches wir auch taten; aber sie konnten nicht gar in den Flecken hinein kommen,

---

griechischen Philosophen Epikur (341–270 v. Chr.), die nur in Fragmenten überliefert ist. Der „Hedonismus" Epikurs war im Hier und Jetzt verankert und stand den metaphysischen Spekulationen über jenseitige Welten misstrauisch gegenüber. Deshalb wurde Epikur von christlichen Denkern und Kirchenvätern als „Materialist" verachtet. Schmidel übernimmt die negative Meinung der christlichen Tradition über Epikur an dieser Stelle unkritisch.

94 Schmidel bemerkt hier die kulturelle und sprachliche Verwandtschaft zwischen den Tupi-Völkern Brasiliens und den Guaranis in Paraguay und Argentinien. Zum Rauschgetränk *Cauim* und zum rituellen Kannibalismus ist bereits einiges gesagt worden. Siehe auch die Besprechung dieses Kapitels in der Einleitung.

95 Vermutlich *Curitiba* im heutigen brasilianischen Bundesstaat Paraná, da Schmidel unterwegs nach São Paulo war (damals São Vicente).

so wurden sie umgebracht und gefressen. Danach kamen derselben Indianer an die 50 Mann heraus zu uns auf 30 Schritt zu; sie hatten der Christen Kleider an, stunden still und redeten mit uns. So ist aber solcher Indianer Brauch, wenn einer vor seinem Widersacher still steht und mit demselben Sprach hält, dass er nichts Gutes im Sinne hat.

Als wir solches vernahmen, rüsteten wir uns mit unsern Wehren aufs Best so wir konnten, und fragten sie, wo unsere Gesellen blieben wären; darauf gaben sie uns zu Antwort, sie wären in ihrem Flecken und begehrten, wir sollten auch zu ihnen hineinkommen. Aber wir wollten's nicht tun, merkten ihre Schalkheit und Betrug.

Darauf schossen sie mit ihren Bögen auf uns, blieben uns aber nicht lang bestehen, sondern liefen bald wieder in ihren Flecken und brachten mit sich an die 6000 Mann heraus über uns. So hatten wir aber unsresteils keine andre Beschützung als ein großen Wald und vier Büchsen samt den zwanzig Indianer Carios, so von der Stadt Asuncion mit uns gezogen waren. Dennoch erhielten wir uns noch vier Tage lang und schossen unterdessen stetigs aufeinander. In der vierten Nacht aber machten wir uns heimlich aus dem Wald und zogen davon. Denn wir hatten nicht viel zu essen, und wollten uns auch die Feind zu stark werden und ging uns nach dem Sprichwort: Viele Hund sind der Hasen Tod.

Von dannen zogen wir sechs Tagreis aneinander in wilden Wäldern, desgleichen ich doch mein Tag (da ich doch weit und breit gewesen) keinen ärgeren Weg nie gereist bin; hatten aber nichts zu essen; mussten uns derowegen nur mit Honig und Wurzeln behelfen. Wo wir die fanden, nahmen wir uns aus Unsicherheit, da wir uns sorgten, die Feind möchten uns nacheilen, nicht so viel Zeit, dass wir uns auch nach Wildbret hätten umgesehen.

Hernach kamen wir zu einem Volk, das heißt Biesaie; allda blieben wir vier Tag und verschafften uns Proviant, durften aber, weil unser so wenig waren, nicht zum Flecken nahen.

Bei dieser Nation ist ein Fluss, Uruguay genannt;[96] darinnen haben wir Nattern und Schlangen gesehen, die man auf Indianisch Schue Eyba-Tuescha nennet; ist eine vierzehn Schritt lang und in der Mitte zwei Klafter dick, die tun sehr großen Schaden; nämlich so ein Mensch in selbem Wasser badet oder ein Tier über das Wasser schwimmen will, so kommt solche Schlange unter dem Wasser herbei, schlägt den Schwanz um dasselbige, zieht's alsdann unter das Wasser und frisst's. Denn sie recket allezeit den Kopf über das Wasser und siehet sich um, ob etwa ein Mensch oder Tier vorhanden sei, welches sie übereilen möchte.[97]

Von dannen zogen wir einen ganzen Monat lang aneinander an die 100 Meilen Wegs und kamen zu einem sehr großen Flecken, Schebetueba genannt; da blieben wir drei Tag, denn wir waren sehr müd, hatten auch nichts Übriges zu essen, denn unsre meiste und beste Speis war Honig, wurden derhalben, wie leichtlich zu erachten, alle sehr machtlos und schwach; denn wir hatten eine lange Zeit in großer Gefährlichkeit, Armut und elendem Leben zugebracht, sonderlich aber sind wir mit Essen und Trinken, auch der Lagerstatt sehr übel versehen gewesen. Denn unsere Betten, so ein

---

96 Der Fluss Uruguay, der dem gleichnamigen Staat seinen Namen verleiht, fließt zusammen mit dem Paraná in den Rio de la Plata im heutigen Argentinien.

97 Vermutlich „*boa constrictor*", Würgeschlange („*Anaconda*"). Fast identisch ist der Bericht im Kapitel 17: „Bei den Calchaquis".

jeder selbst mit sich getragen, waren aus Baumwollen, deren eines vier oder fünf Pfund wiegt. Sind gemacht wie ein Netz, das bindet man an zwei Bäume, alsdann legt sich einer darauf unter den freien blauen Himmel.[98] Denn wenn in India nicht viel Christen miteinander über Land ziehen, ist es sicherer im Wald für gut zu haben, denn in der Indianer Flecken und Häusern.

Nun zogen wir fort und kamen zu einem Flecken, der gehört den Christen zu, in welchem der Oberste hieß Jean Reinville, so damals zu unserem Glücke nicht anheim war, denn diesen Flecken schätze ich für ein Raubhaus. So war genannter Oberster bei andern Christen in einem Flecken Vicenda, da sie zu Zeiten einen Vertrag miteinander machten. Diese Indianer (dabei 800 Christen in zwei Flecken) sind dem König in Portugal unterworfen und unter des gemeldeten Jean Reinvilles Gewalt, welcher nach seinem Anzeigen an die 40 Jahr lang in India gehaust, regiert, gekriegt und das Land gewonnen hat. Darum sollte er billig das Land für andere regieren; weil aber solches nicht geschah, führten sie Krieg widereinander. Dieser Reinville kann in einem Tag bei 5000 Indianer zusammen bringen, da der König nicht 2000 zusammen bringt; so viel Macht und großes Ansehen hat er in diesem Land. Es war aber, als wir in den genannten Flecken kamen, erstgemeldetes Reinvilles Sohn vorhanden, welcher uns sehr wohl empfangen hat; doch mussten wir uns vor ihnen mehr sorgen als vor den Indianern. Weil es aber uns wohl geraten und nichts Übles begegnet ist, sagten wir dem allmächtigen GOTT fleißigen Dank und waren von Herzen froh, dass wir ohne Gefahr von dannen kamen.

98 Hängematten.

Kapitel 53

Ulrich Schmidel kommt zu Cap San Vicente; schiffet nach Hispanien, muss aber in dem Meerhafen Spiritu Santo wieder anlanden

---

Von dannen zogen wir weiter und kamen zu einem Städtlein, San Vincente genannt (liegt 20 Meilen Wegs von dem vorigen Flecken), welches den 13. Juli anno 1553 geschehen. Allda fand ich ein portugalesisch Schiff, welches mit Zucker, Bresilholz und Baumwollen geladen war, wie es Peter Rössel, des Erasmus Schetz von Antorff Faktor, in San Vincente wohnhaft, eingeladen hatte, und dem Johann Hülfen in Lissabon wohnhaft, so auch des erstgenannten Schetz Factor ist, zuschickte.[99]

Jener Peter Rössel empfing mich gar freundlich und bewies mir sehr große Ehr. Promovierte mich auch bei den Schiffsleuten, dass sie mich mit sich nähmen, und bat zum Fleißigsten, dass sie mich wollten sich lassen befohlen sein, welches dann die Schiffer getreuen Fleißes verrichtet haben und ich ihnen nicht anders nachsagen kann.

---

99 Diese Passage offenbart die internationale Ausdehnung des Handels mit amerikanischen Waren (Zucker, Brasilholz und Baumwolle) bereits zu Ulrich Schmidels Zeiten in der Mitte des 16. Jahrhunderts. Das Brasilholz wurde zur Färbung von Kleidern verwendet. Es war ein rötlicher Baum aus dem portugiesischen Wort für „*brasa*" („*glühende Kohle*") und gibt dem heutigen Staat seinen Namen. Offiziell hieß Brasilien damals „Provinz des Heiligen Kreuzes" („*Província de Santa Cruz*"), doch die merkantile Bezeichnung setzte sich – wie so oft – gegenüber der religiösen durch.

Also blieben wir noch elf Tage in der Stadt San Vincente, bereiteten uns mit allem Bedarf, dass wir auf dem Meer versehen wären; und sind wir in sechs Monaten von der Stadt Asuncion bis zu der Stadt San Vincente in Brasilien gereist, welches man auf 346 Meilen Wegs rechnet.[100]

Als wir nun allerdings zu der Reis geschickt waren, fuhren wir am St. Johannistag, welches war der 24. Juni, von der Stadt San Vincente aus, und waren vierzehn Tag lang auf dem See oder Meer, dass wir nie guten Wind hatten, sondern für und für Sturmwind und sehr große Ungewitter, dass wir nicht eigentlich konnten wissen, wo wir waren. In solchem brach uns der Segelbaum im Schiff. Also mussten wir zu Land kehren, und wir kamen zu einer Porten oder Hafen; dieselbe Stadt wird genennet Spiritu Santo,[101] liegt in Brasilien und gehöret dem König von Portugal zu. In dieser Stadt wohnen Christen, die machen Zucker mit ihren Weib und Kindern, und findet man bei ihnen viel Baumwollen, Bresilholz und andere Gattungen mehr.

An diesen Orten des Meers zwischen San Vincente und Spiritu Santo findet man die allermeisten Balenen oder Walfisch; die tun großen Schaden; nämlich so man mit kleinen Schifflein von einem Port oder Schiffshafen zu dem andern fahren will, da kommen diese Walfisch in Haufen und streiten wider einander, und wenn sie alsdann zu den Schiffen kommen, ertränken sie dieselben samt den Leuten, so darauf sind. Diese Walfisch speien für und für Wasser; und auf einmal so viel, als in ein gut fränkisch Fass gehet. Solches Wasserausgießen treiben sie alle Augenblick, denn

100 São Vicente liegt im heutigen Bundesstaat São Paulo in Brasilien.

101 Der brasilianische Bundesstaat *Espírito Santo* mit der Hauptstadt *Vitória* heißt bis heute noch so: „Heiliggeist“.

sie stecken den Kopf unter das Wasser und recken ihn alsbald wieder auf, und tun solches Tag und Nacht. Und wer es noch nicht gesehen hat, der meint, es sei ein Steinhaufen beinander; und es wäre von diesen und anderen Fischen sehr viel zu schreiben.

Item es hat auch viel andere seltsame Fisch und Meerwunder, die nit genug sind zu beschreiben oder davon auch nit wohl eigentlich zu reden. Es ist ein anderer großer Fisch, der heißt auf Spanisch *Remora*, das ist auf Teutsch ein Schaubhutfisch;[102] das ist ein Fisch, davon man nit genug sagen kann noch schreiben, so ein gewaltiger und großer Fisch ist es, tuet an etlichen Orten den Schiffen großen Schaden; denn, so kein Wind vorhanden, derowegen die Schiff still liegen und können weder hintersich noch fürsich, so kommt dieser Fisch mit solchem gewaltigen Stoß ans Schiff, dass alles erbibbert und erzittert; so muss man alsdann von Stund an eins oder zwei große Fass hin aus dem Schiff werfen; und so genannter Fisch die Fässer überkommt, so lässt er das Schiff und spielt mit den Fässern.

Item noch ein anderer großer Fisch, der heißt Teutsch Messerfisch oder Schwertmesser, der tut andern großen Fischen viel Schaden. Es ist gleich ein solch Ding, wenn die Fisch miteinander kämpfen, als wenn allhier zu Land zwei böse Pferd aneinander kommen und springen gegen einander auf. Solches ist im Meer lustig zu sehen; aber wenn die Fisch also miteinander kämpfen, so kommt gemeiniglich ein großer Sturm auf dem Meer. Item noch ein anderer großer böser Fisch, der ist noch über die alle mit

102 Der sog. Schiffshalter. Die Beschreibung Schmidels mag als übertrieben gelten.

dem Kämpfen oder Streiten; der heißt Teutsch Sägfisch. Auch andere Fisch mehr, die ich nit all zu nennen weiß. Item fliegende Fisch und andere große Fisch, heißen Toninen oder Thunfisch.

Kapitel 54

Ulrich Schmidel schifft von Port Spiritu Santo aus, kommet nach Tercera in den Asores-Insuln und nach Hispanien. Schiffet nach Niederland, muss aber Ungewitter halber wieder ans Land

---

Also schifften wir aus der Port oder Meerhafen Spiritu Santo und fuhren zween Monat lang aneinander auf dem Meer, dass wir nie kein Land sahen, seithero wir von dem berührten Port Spiritu Santo ausgefahren waren.

Hernach kamen wir zu einer Insul, die heißt Tercera; allda nahmen wir wieder frisch Proviant von Brot, Fleisch und Wasser und anderen Bedarf mehr, blieben auch allda zween Tag still liegen. Diese Insel gehört dem König von Portugal zu. Von dannen zogen wir auf Lissabon zu; dahin kamen wir in 14 Tagen, welches war der 3. September anno 1553. Allda blieben wir vierzehn Tag lang, und starben mir daselbst zween Indianer, von denen, so ich mit mir aus dem Land geführet hatte.[103]

Von Lissabon zog ich ferner nach Sevilla, das sind 42 Meilen; solche Reis verrichtet ich in sechs Tagen und blieb allda vier Wochen lang, bis die Schiff zubereit wurden. Alsdann zog ich von Sevilla aus über Wasser und kam in zween Tagen in die Stadt St. Lucas; allda blieb ich über Nacht.

Von dannen zog ich eine Tagreis über Land und kam zu einer andern Stadt, die heißt Porto de Santa Maria; von

---

103 Die Indios hatten oft keine Immunität gegen europäische Erreger.

diesem Porto zog ich noch eine Tagreis über Land zu einer andern Stadt, die liegt vier Meilen Wegs über dem Wasser, die heißt Cadiz, da alldorten holländische Schiff waren, welche nach dem Niederland fahren wollten; derselben waren bei 25, alles große Schiff, die man nennet Hulken.[104] Unter diesen Schiffen war ein großes, schönes, neues Schiff, welches nur eine Reis von Antorff aus nach Hispanien getan. Nun rieten mir die Kaufleut, ich sollte auf diesem neuen Schiffe fahren; dessen Schiffmann hieß Heinrich Schetz, der war ein ehrlicher frommer Mann, mit dem ich nun parlierte und des Schiffleins halber übereinkam, auch wegen Speis und anderer Sachen, so auf dieser Reis von Nöten waren. Derhalben rüstete ich mich in derselben Nacht und ließ mein Plunderwerk, als Wein und Brot und dergleichen, auch etliche Papagei, die ich mit mir aus India[105] gebracht, ins Schiff tragen. Ich bordierte auch mit dem Schiffer, dass er mir zu Gefallen wollte anzeigen, wann er endlich wollte aufsein, welches der Schiffer mir treulich zugesagt und versprochen, dass er nicht ohne mich wollte hinweg fahren, sondern mir solches gewiss zu rechter Zeit zu wissen tun.

Nun hatte aber genannter Schiffer dieselbe Nacht etwas zu viel gezecht, dass er mein aus sonderem Glücke vergaß und mich in der Herberge ließ; und es schuf der Steuermann, welcher das Schiff regierte, zwei Stund vor Tag, dass man die Anker aufzöge, und fuhren alsdann davon.[106]

Als ich nun morgens in aller Früh nach dem Schiff schaute, da war es schon eine große Meile Wegs vom Land; dero-

---

104 Ein alter Typ eines größeren Lastschiffes.

105 Mit „*India*“ ist im damaligen Sprachgebrauch, seit dem „Irrtum“ des Kolumbus, stets Westindien, also Amerika, gemeint.

106 Weiterer humorvoller Kommentar in „*Simplicissimus*“-Manier.

wegen musste ich mich nach einem andern Schiff umsehen, wurde auch zufrieden mit einem andern Schiffer, welchem ich gleich so viel als dem vorigen geben musste.

So fuhren wir mit den andern 24 Schiffen alsbald davon und hatten die ersten drei Tag guten Wind; aber hernach hatten wir gar großen widerwärtigen Wind, dass wir unsere Reis nicht mochten vollbringen. Doch blieben wir mit großer Gefahr acht Tag lang und erhofften eine Besserung. Aber je länger wir verzogen, je ungestümer ward es auf dem Meere, so dass wir uns nicht länger auf dem Meere konnten halten, sondern mussten wieder zurückfahren den Weg, so wir aufgefahren waren.

Nun ist es jetzt der Brauch auf dem Meere, dass die Schiffsleut und Schiffer einen obersten Hauptmann unter sich machen, der heißt auf Spanisch Almirante; dieser regiert alle Schiff und was er will, dass man auf dem Meer tun soll, das muss geschehen. Die Schiffsleut und Schiffer müssen ihm einen Eid schwören, dass einer von dem andern nit wolle weichen; denn Kaiserliche Majestät hatte befohlen und geboten, dass nit unter 20 Schiffern von Hispanien nach dem Niederland fahren sollen von wegen des Königs in Frankreich, dieweil sie itzund miteinander kriegen. Weiter so ist sonst auch der Brauch auf dem Meer, dass ein Schiffer vom andern über eine Meile Wegs nit fahren darf, und wann die Sonn auf oder niedergeht, so müssen die Schiffer zusammenkommen und die Schiffer müssen den Almirante grüßen mit drei oder vier Schüssen und alle Tag zweimal; auch wiederum muss der Almirante auf seinem Schiff zwei Laternen, von Eisen gemacht, hinten am Schiff stecken haben (das heißt man ein *Farol*) und die ganze Nacht brennen lassen; so müssen die andern Schiff dem

Schiff nachfahren, darauf das Licht stehet, und dürfen nicht voneinander kommen. Item so zeigt der Almirante auch alle Nacht den Schiffsleuten an, wo er aus will fahren, damit, falls auf dem Meer eine Ungestümheit käme, sie wissen möchten, was für einen Weg oder Wind der Almirante genommen hätt, auch dass sie einander nit verlieren können.

Indem wir nun, wie soeben angezeigt, wiederum mussten zurückziehen, da war des oben gedachten Heinrich Schetzen Schiff (auf welchem ich all mein Plunderwerk gehabt und er meiner in Cadiz, wie oben gehört, vergessen hatte) unter den andern Schiffen das allerhinterste; und als wir auf eine Meile Wegs nahe zur Stadt Cadiz kamen, da war es finster und Nacht, dass der Almirante die Laternen musste aushängen lassen, damit ihm die anderen Schiff wüssten nachzufahren. Und als wir zur Stadt Cadiz kamen, warf ein jeglicher Schiffer seine Anker aus ins Meer, und ließ der Almirante auch seine Laternen hinwegtun. Indem machte man am Land ein Feuer (gleichwohl guter Meinung), aber dasselbe Feuer geriet leider dem Heinrich Schetzen und seinem Schiff zum Ärgsten. Das Feuer war gemacht bei einer Mühl auf einen Büchsenschuss weit von der Stadt Cadiz. Nun fuhr der gemeldete Heinrich Schetz mit seinem Schiff stracks dem Feuer zu. Denn er meinte nicht anders, denn die Laternen von des Almirante Schiff leuchteten also, und als er schier gar zum Feuer mit dem Schiff hinzukam, schoss er mit Gewalt auf die Stein, so im Meer lagen, und zerbrach sein Schiff wohl in hunderttausend Stück und ertranken und gingen zugrunde Leut und Gut, ehe denn eine Viertelstund verging, und verdarben auf demselben Schiff 22 Personen; allein der Schiffer und Steuermann kamen mit dem Leben davon auf einem großen Baum.

Cap 54.

CALIZ

Es gingen auch damit zu Grund sechs Kisten oder Truhen mit Gold und Silber, welche der Kaiserlichen Majestät zugehöret hatten, und große Kaufmannschaft, welches vielen Kaufleuten zum äußersten Verderben gereichte. Derowegen ich dem allmächtigen GOTT ganz fleißig danksagete, dass er mich erstlich so gnädig behütet hat, dass ich nicht auf dasselbe Schiff gekommen war.

Kapitel 55

Ulrich Schmidel schifft abermals aus Cadiz nach Antorff

Zween Tag lang sind wir nach solchem in Cadiz still gelegen, und am St. Andreastag[107] fuhren wir von dannen wiederum hinweg und nahmen unsern Weg auf Antorff zu. Wir hatten aber auf dieser Reis große Ungewitter und grausame Sturmwind, dass auch die Schiffer sagten und hoch beteuerten, sie hätten in 20 Jahren, jawohl so lang sie auf dem Meer gefahren wären, so grausame Sturmwind nicht gehabt, gesehen oder gehört, die auch so lang gewähret hätten.

Als wir nun nach Engeland kamen zu einer Porten, die heißt Wight, hatten wir auf allen unsern Schiffen weder Seil noch Segelbaum noch das geringste von dergleichen Materien auf den Schiffen mehr; und wann solche Reis nur noch etliche wenige Tage gewähret hätte, wäre von diesen 24 Schiffen nicht ein einziges davon kommen.

Aber es hat GOTT der ALLMÄCHTIGE hierbei sonderlich sein Gnad sehen und bei uns leuchten lassen und uns vor großem Unglück, darinnen wir bereits gesteckt, gnädiglich behütet und erlöset. Denn es sind eben an dem Neuen Jahrestag anno 1554 acht Schiff mit Menschen und Gut und alledem, so darauf gewesen, um diese Revier jämmerlich verdorben und umkommen, dass nicht ein einziger Mensch unter allen davongekommen wäre. Und ist solche erbärmliche Niederlag zwischen Frankreich und Engeland geschehen.

---

107 Am 30. November.

Kapitel 55

Also blieben wir vier Tag lang in berührter Porten Wight in England, staffierten uns wieder zum Besten als wir konnten, und schifften von dannen auf Brabant zu und kamen gen Arnemuiden, welches eine Stadt auf Seeland ist, da die großen Schiff pflegen zu bleiben; und ist solche Stadt von Wight 47 Meilen Wegs. Von dannen zogen wir auf Antorff zu, welches 24 Meilen Wegs von erstgenannter Stadt liegt, dahin wir dann den 26. Januar anno 1554 glücklich angelangt sind.

Beschluss

Und bin ich also nach Verfließung von 20 Jahr durch sonderbare Gnade und Schickung des ALLMÄCHTIGEN GOTTes wiederum an dem Ort ankommen, davon ich ausgezogen;[108] habe aber doch inzwischen in Durchreisung dieser indianischen Nationen nicht geringe Gefahr Leibes und Lebens, großen Hunger und Elend, Sorg und Angst ausgestanden, wie diese historische Erzählung genugsam ausweist. Sage aber doch dem ALLMÄCHTIGEN GOTT Lob, Ehr und Dank, der mir wiederum so glücklich an den Ort, daraus ich vor zwanzig Jahren ausgezogen, geholfen hat.

108 Straubing in Bayern.

Weiterführende Literatur

Bremer, Georg: Unter Kannibalen. Die unerhörten Abenteuer der deutschen Konquistadoren Hans Staden und Ulrich Schmidel. Zürich 1996.

Obermeier, Franz: Bilder von Kannibalen, Kannibalismus im Bild. Brasilianische Indios in Bildern und Texten des 16. Jahrhunderts. In: Jahrbuch Lateinamerika 38 (Köln 2001), S. 49–72.

Pietschmann, Horst (Hg.): Handbuch der Geschichte Lateinamerikas. Bd. 1: Mittel-, Südamerika und die Karibik bis 1760. Stuttgart 1994.

Reinhard, Wolfgang: Geschichte der europäischen Expansion. 4 Bde. Stuttgart 1983–1990. Hierzu insbesondere Bd. 2: „Die Neue Welt". Stuttgart 1985.

Riekenberg, Michael: Kleine Geschichte Argentiniens. C.H. Beck. München 2009.

Ross, Carlo: Abenteurer und Rebell. Ulrich Schmidel und die Entdeckung Lateinamerikas. Eine Romanbiographie. Regensburg 1996.

Schlüter, Heinz (Hg.): Die Anderen. Indianer in Lateinamerika. Frankfurt am Main 1996.

Staden, Hans: Brasilien. Historia von den nackten, wilden Menschenfressern (1548–1555). Hg. v. Gustav Faber. Edition Erdmann. München 2006.

N
W
O
S
AMAZONIEN
BRASILIEN
Lima
Cuzco
Bahia